コンサルが「次に目指す」PEファンドの世界

アンテロープキャリアコンサルティング株式会社
小倉基弘　山本恵亮
Motohiro Ogura　Keisuke Yamamoto

CROSSMEDIA PUBLISHING

はじめに
知られざるPEファンドの世界

1998年10月、日本長期信用銀行（現SBI新生銀行）の株価が2円で取引を終え、国有化されました。

そして約1年後の1999年9月28日付の日本経済新聞に「金融再生委員会は一時国有化していた日本長期信用銀行を米国PE（プライベートエクイティ）ファンド、リップルウッド・ホールディングスに譲渡する方針を決定」というニュースが掲載されています。

このとき初めて、「PEファンド」という言葉を耳にした日本人が多かったのではないでしょうか。

それから20年以上が経ち、日本経済においてPEファンドは徐々に市民権を得ています。例えば食料品・日用品の小売りである西友、雑貨販売のFrancfranc、栄養ドリンクのアリナミン製薬、温浴施設の大江戸温泉物語、喫茶店のカフェ・ベローチェ、珈琲館、カフェ・ド・クリエ、これらは多くの方々になじみのある企業やブランドだと思いますが、株主はすべてＰＥファンドだとご存じでしょうか（２０２３年10月現在）。

ＰＥファンドは数億円の企業買収から最近では東芝へのＴＯＢ（株式公開買い付け）による数兆円の買収まで、日々影響力を拡大し続けているのです。

このＰＥファンドの業界で活躍している人々は、どんな経歴を持ち、どのようなスキルを身につけたのか。そして、どんな方法でキャリアチェンジしてきたのか。

こうした知識や情報を持っていないビジネスパーソンは、かなり多く存在します。新卒の学生を採用しない業界のため、広く一般に情報が出回っていないせいかもしれません。

私たちアンテロープ社は、創業以来20年以上にわたってＰＥファンド業界にプロフェッショナル人材を紹介し続けてきました。

２０００年代初頭、当時数社しか存在しなかったＰＥファンドに転身のサポートをした20～30代のビジネスパーソンの方々は、現在すでにファンドのパートナーレベルになられています。年収レベルも当初は６００万～１０００万円程度であった方々は、現在では３０００万～１億円前後になっているのです。

そこで本書では、日本のＰＥファンドを作り上げてきたそれらの方々のお話を土台にして、一般に知られることの少ないＰＥファンドに関する情報について、具体事例を交えながらわかりやすく解説していきます。

プロフェッショナル人材にとっての魅力的なキャリアパス

ところで、私たちが本書のタイトルを『コンサルが「次に目指す」ＰＥファンドの世界』としたのはなぜでしょうか。

ＰＥファンドの構成員は、Ｍ＆Ａを中心とした投資銀行の業務経験者がメインとなっています。しかし、米国のＰＥファンドの歴史を振り返れば、当初はＭ＆Ａ経験者が主たるメンバーであったにもかかわらず、そこから組織が拡大するにつれ、コンサルティング経験者を投資前の事業性評価（ＢＤＤ：ビジネス・デューデリジェンス）や投資後の企業価値向上の主担当者として招き入れ、採用の枠を拡大するようになった流れがあります。そしておそらく、日本のファンドも米国と同じ歴史をたどるものと思います。

コンサルティングファーム経験者はプロフェッショナル人材の代表的な存在として一般に認知されています。その後のキャリアにも多様な選択肢が用意されており、中でもＰＥファンドは大変に魅力的なキャリアパスであるといえるでしょう。

このPEファンドの大きな可能性について、一人でも多くのコンサルティングファーム経験者、そしてその他のプロフェッショナル人材の方々に知っていただきたい——。
私たちはそんな願いをこのタイトルに託したのです。

ですから、私たちは本書をコンサルティングファームに所属している方はもとより、学生の方、もしくは社会人で他の業界にいながら、目先ではコンサルティング業界、中長期的にはPE業界を目指している方に向けて執筆しました。
もちろんM&Aを中心とした投資銀行業務、ファイナンシャル・アドバイザリー・サービス（FAS）を経験している方々、また会計士、弁護士資格を持ち、M&A、投資業務に興味を持っている方々に向けた内容も多数掲載しています。

本書は以下の構成で展開します。

第1章　究極のキャリア・PEファンドの魅力

実際の業務内容、教育体制、報酬、転職のポイントなどを多角的に説明し、PEファンド業界で働くことの魅力を説明します。この章が全体の要約にもなっています。

第2章　PEファンドの基礎知識

PEファンドの歴史、他の投資ファンドとの違い、ファンドのタイプ、投資事例、職位構造などについてご紹介します。

第3章　PEファンドでは、どんな業務が行われているか

ファンドレイズ、ソーシング、エグゼキューション、バリューアップ、エグジットと、PEファンドの仕事の流れを五つの段階に分けてご紹介します。

第4章　PEファンドに転職するには、どんな方法があるか

PEファンドに転職するために必要なスキルと経験、そして選考試験に役立つ具体的な情報を詳細にわたってご紹介します。

第5章　PEファンドに入社後、どんなキャリアが待っているか

PEファンドに入社した人の、その後のキャリアパスをご紹介します。ファンド内での昇進、他のファンドへの転身、そして独立、起業などについてご紹介します。

ＰＥファンドについてほとんど知識を持っていない方であれば、まず第2章、第3章をお読みいただき、それから他の章を読んでいただくのがよいでしょう。そして、ある程度ＰＥをご存じの方であれば第1章、第4章、第5章をお読みいただくことで、ＰＥファンドというキャリアの魅力を理解していただけると思います。

また、ＰＥ業界についてよく知っていて、ＰＥファンドをキャリアの選択肢の一つとして考えたいと強く思われている方であれば、第4章が参考になるかもしれません。

リスクを取ってでも人生の密度を濃くしたい人々へ

世の中には無数の仕事があり、エージェントとして私たちが対応しているＰＥファンドは、ジョブマーケットのほんの一部分でしかありません。しかしながら、能力と野心と向上心を持った方々にとっては、自己実現の場として非常に魅力的な最高峰の仕事であると私たちは感じています。

ＰＥファンドで働く人々はコンサルティングファーム、投資銀行でのプロフェッショナルと同様に高い専門性を持ち、いわゆるサラリーマンと呼ばれる大企業で働いているゼネラリストとは異なる人材といえるでしょう。

さらに、PEファンドそのものはプロジェクトビジネス的な側面もあり、立ち上げたファンドで一定の収益が立たなければ、それ以降継続することが不可能になり、ファンドも解散という事態に陥ります。

こういったリスクテイクをしながらこの業界で働くことの意味、また見返りとして得られる仕事・人生上のやりがい、そして経済的なアップサイドについても具体的に説明します。

一度しかない人生を豊かなものにする一つの方法は、長く関わる仕事自体を充実したものにすることです。この書籍を通じ、リスクを取ってでも人生の密度を濃くしたい人々に向けて、PEファンドでキャリアを構築していくことの意義をお伝えできればうれしく思います。

第2章 PEファンドの基礎知識

第3章 PEファンドでは、どんな業務が行われているか

第4章 PEファンドに転職するには、どんな方法があるか

第5章 PEファンドに入社後、どんなキャリアが待っているか

第 1 章

究極のキャリア・PEファンドの魅力

1

プロ人材が目指す「最高峰の仕事」

ようこそ、PEファンドの世界へ！

私たちアンテロープ社は、キャリアコンサルティング、求人情報紹介、選考過程でのアドバイスや条件交渉などを通じ、多くのプロフェッショナル人材のキャリア形成に関わっています。

これまでに、向上心を持ち、仕事を通じた社会貢献や自己成長を願う人たちとの数々の出会いがありました。また、転職先が決定したからといってそれで終わりではなく、入社後のコーチングや情報交換、あるいは、採用後のご相談にご協力させていただくことなどを通じて、その後の人間関係も維持しています。

そんな私たちが、日頃よりプロフェッショナル人材を目指す人々、特に若いビジネスパーソンの皆さんに将来のキャリアとしてお勧めしている仕事があります。

それが本書でご紹介するＰＥファンドです。なぜなら私たちはＰＥファンドの仕事を、人生を賭けてチャレンジする価値のある、究極のキャリアだと考えているからです。

例えば、現在、コンサルティングファームなどの高度な業務を行う会社に在籍し、そこからさらに稼げる仕事にステップアップを考えている人もいるでしょう。

確かに、それはよい考えです。しかし、〝稼げる仕事〟という基準だけでキャリアを考えていると、それは表面的な自己実現の手段として終わってしまうかもしれません。なぜなら、お金を稼ぎたい、高いステータスを得たいといった欲望は、ボトムラインをある程度クリアした時点で満足できてしまうものだからです。

一方で、満足感の天井がないキャリアを志向する人々もいます。簡単にいえば、お金やステータスだけではなく、より多くのやりがいや成長のチャンスが待っているキャリアです。

私たちが支援していきたいのは、こうした志向と行動力の持ち主であり、そうした人々に向けてご紹介しているのがＰＥファンドという仕事なのです。

人の役に立ちたい、社会に貢献していきたい、大きな価値のある仕事をしたいという思いが強くなるほど、キャリアアップはその人にとって必須の条件となってきます。

そして、強い思いを叶えられるにふさわしいキャリアを追求していくことによって、人は本当の幸せをつかむことができるに違いありません。

本書はやりがいにあふれた仕事を通じて自らの成長と人生の充実を目指す、あなたへの招待状です。ようこそ、ＰＥファンドの世界へ！

コンサルタントとPEプロフェッショナルの共通点

本章では「ＰＥファンドの魅力」を網羅的にご紹介していきます。**文中には専門用語が多く出てきますが、それぞれ詳細については第2章以降で説明しますので、とりあえず読み進めてください。**

「はじめに」でもお伝えしましたが、本書ではハイエンド人材が目指す高度な領域の象徴として、コンサルタントの仕事を取り上げています。本章もその狙いを引き継ぐ形で、コンサルタントと比較しながらＰＥファンドの仕事の実像を浮き彫りにしてみたいと思います。

これからの社会で求められるハイスペック人材のタイプを示すとき、「T型人材」という言葉がたびたび使われます。Ｔの字の縦の棒がコンサルタントの仕事の専門性だとしたら、横の棒は視野の広さであり、幅広いジャンルに対するスキルを示します。

このように**「専門性と汎用性のある知見を兼ね備えた人材」という観点で、コンサルタントとＰＥプロフェッショナルはキャリアパスがつながっています。**コンサルティングの仕事で培ったスキルや能力はＰＥファンドにおいても活きてきますし、コンサルタントはこの専門性を期待されて採用される可能性が高いといえるでしょう。

（※本書ではＰＥファンドで働く投資担当者を「ＰＥプロフェッショナル」と称し、職種の名称として使用します）

コンサルタントは、クライアント企業の問題を解決するためにコンサルティングを行っています。コンサルタントの誰もが、問題意識を持って仕事をしていますが、いい提案をしたからといって、必ずしもそれが実行されるかどうかまではわかりません。実行するかどうかはあくまでクライアント次第だからです。

多くのコンサルタントは、頑張って提案したものの、残念ながら実行されなかった案件を見送ってきた経験があります。そして、そこに無力感を覚えることもあるようです。では、打ち手の提案だけに終わらない、本当に会社をよくするための仕事はどうしたら実現することができるのか。そのように考えた結果、**担当者自らが問題解決に向けてアクションを取ることができるPEファンドを目指す人が増えている**のです。

「提案」にとどまらず「解決」する仕事

PEファンドであれば「提案」の先にある「解決」のための施策を実行することができます。

投資先企業に対する経営支援にハンズオンで取り組むことに力を入れているPEファンドを例に述べると、投資後は投資先企業に入って、投資先の会社の人たちと一緒になって経営改革を行います。具体的には100日プランという投資後の中長期事業計画を立てて実行していきます。

そして、経営の見える化をするための管理会計プロジェクトや組織変革プロジェクトなどを立ち上げて、社員の人たちによるワーキンググループを作ります。これをPEファンドの人たちが、プロジェクトマネージャーやファシリテーターのような役割を担って運営していくのです。

ＫＰＩ（重要業績評価指数）の設定では業務上の目標を数値化し、日常業務の取り組みが実際に数値として表れることに意味を見いだしていきます。他にもさまざまな取り組みを行い、企業価値を高め、最終的にはより高い価格で会社を売却することにつながっていくわけですが、このように「**株主の立場から企業を変革できる仕事**」というのは、なかなか他にはありません。

ここまでの深さでコンサルタントが携わることはできません。コンサルタントは、外部の専門家として課題を発見し、解決策を考え提案することがその役割だからです。

一方、ＰＥプロフェッショナルは、課題の発見と解決策の提示にとどまらず、投資先企業の経営陣や社員の人たちと直接向き合い、信頼を獲得して、課題を解決するための施策について納得してもらった上でそれらを推進していく仕事です。つまり、自ら動いていかないといけない上に、人を動かして企業を変革していくためにハードスキルや知識だけでなく、ソフトスキル、人間力なども必要になります。

リアルに会社を改革し、そこで働く人々の意識も変えていく以上、一時的には摩擦が生じることもありますし、**泥臭い仕事を含めた、高いレベルでの総合的なビジネス力が要求**

されることになります。

現場で鍛えられながら成長していく

私たちがPEファンドへの転職を斡旋した方々の多くは、まず、自分の強みが未知数という状態でファンドの仕事に飛び込んでいます。

例えば、新卒でコンサルティングファームに入り、数年後に次のキャリアとしてPEファンドにジュニア・メンバーで転職する人の場合でも、一人で投資先企業に常駐して、自分よりも年上の経営陣や社員の人たちと信頼関係を構築しつつ、改革を進めていくこともあります。実際にファンドの仕事に関わり、一つの案件を経験し、悪戦苦闘の末に問題をクリアしていきながら、一歩一歩成長していった、そんな人が多いように思います。

投資先企業とのやりとりの中で、自分の親くらいの年齢の経営者を相手にしながら、時には彼らのやり方を変えていかなくてはならないような状況もあるでしょう。確かに、こうした局面を乗り越えるだけの精神力は並大抵のものではありませんし、〝向き不向き〟以前の条件として「強いマインド」が求められることは確かでしょう。

このため、**PEファンドの選考は非常に厳しいものがあります。**単にハードスキルやソフトスキルだけでなく、特にその人の内面まで見ることに力点を置いた選考を行い、面接も2〜3回では終わらず何度も繰り返して行われます。仮にフロントメンバーであるPEプロフェッショナル（投資担当者）が全部で20人いれば、その20人全員と面接を行うファンドもあります。

そんな厳しい選考をパスして入社したPEプロフェッショナルは、ハードな現場でどのように成長していくのでしょうか。一例として、私たちが聞いた印象的なエピソードを紹介しましょう。コンサルティングファームを経験後、PEファンドにアソシエイトとして転職したAさんの事例です。

Aさん（30代半ば、当時）はPEファンドに転職した後、すぐに投資検討や投資実行のプロジェクトにアサインされました。はじめはバリュエーションや財務分析などを依頼されて対応していましたが、次第に難易度の高い作業を任せられるようになりました。その後1年、次々と新しいプロジェクトにアサインされて投資検討・実行やソーシング活動における提案準備などに携わり、またOJTでは先輩社員に指導を仰ぎました。

そして、1年目が終わろうとしているとき、私たちが入社後の様子をお聞きしようとA

さんに連絡したところ、彼はまさに投資先の事業会社に初めて常駐して間もない時期で、緊張の中にいました。その事業会社ではある部門の閉鎖が計画されており、その実行に立ち合ったのだということです。当然ですが投資先の社員たちの誰からも賛同が得られず、ましてや信頼関係を築くことなど全くできない状況でした。

その数カ月後、私たちはAさんと面会する機会がありました。Aさんは「毎日、投資先の社員の人に襲われる夢を見ている」と悩みを吐露していました。私たちは彼のその後を心配していましたが、やがてAさんは社員の人々とともに業務改善や組織改革に真摯に取り組み、その会社の経営陣やスタッフから認められるようになったそうです。そして、PEファンド側が主導する改革のプロジェクトを無事に完遂させて帰任したのです。

それからは、別の案件に投資検討の段階から携わり、投資実行後はその投資先企業へと派遣。ともに常駐している企画経営ヘッドの上司の下で、ファシリテーターとして複数の経営改革プロジェクトを運営しました。久しぶりにお会いしたところ、いろいろと現場で鍛えられたのでしょう、Aさんの自信に満ちた顔を拝見し、私たちもその目覚ましい成長に接してうれしくなりました。

若手には育成の場が与えられる

このように、**若手ビジネスパーソンが他業種からＰＥファンドに転職すると、まずはジュニア階層であるアナリストやアソシエイトという職位に就きます。**

この層の人たちは、ＶＰ（ヴァイス・プレジデント）やディレクターなどの中堅層の下に当たり、ＰＥファンドの業務の中で〝手を動かす作業〟を担当します。例えば、提案資料の作成、投資検討の際の財務分析や財務モデルの作成や、契約書などのドキュメンテーションなどです。

それらを数多くこなしていくことによって、ジュニア階層の人たちは、ＰＥプロフェッショナルとして必要な基本的な技能を身につけていきます。その他には、入社後のある段階で投資先に常駐して業務プロセスの改善などに従事するジュニアなどもいます。

こうして他業種から若手が新たにＰＥファンドに参加した場合は、ＯＪＴや研修などによって専門のスキルを身につけていきます。多くの場合は先のＡさんのように、上司や先輩の下で実務に従事しながらＯＪＴでスキルを習得しますが、ファンドによっては勉強会などのサポート体制を整備しているケースも見られます。

例えば、ある国内系の大手ＰＥファンドの場合では、先輩社員が講師となってモデリングや資料作成など基本分野のトレーニングを行っています。他にも、毎週投資先の経営支援に関する勉強会が開かれている例もあります。

そこでは、現在の投資先にどんな問題があり、それにどう対処しているのかなどを共有し、議論しているそうです。こうした研修は、経験の浅い人が日頃から抱えているさまざまな疑問や悩みを経験豊富な先輩たちに相談できるよい機会となっています。

コンサルだけではない、多様なプロフェッショナルが集う場所

PEファンドはプロフェッショナル人材にとってキャリアのゴールであり、究極のキャリアとまでいわれています。

その理由は前述のように、PEファンドの仕事が一つの専門性を柱として、その他の専門的スキルや能力をトータルに身につけて横展開していくことにより初めて成立するものだからです。

コンサルタントや投資銀行のバンカーなど、一つのキャリアを極めただけでは到達でき

ないステージに上がって結果を出し続ける、それがＰＥファンドの仕事なのです。

これまで、コンサルタントばかりを引き合いに出してきましたが、ＰＥファンドを目指す人はコンサルタント経験者だけではありません。

コンサルタントとともにＰＥファンドへの転職者が多いのは、投資銀行でＭ＆Ａの実務経験を持つ人、Ｍ＆Ａ経験を持っている財務アドバイザリー会社（ＦＡＳ：ファイナンシャル・アドバイザリー・サービス）の人たちです。

さらに、最近は総合商社の出身者も増えています。所属部署にもよりますが、事業投資を行い、出資先の会社の経営管理や立て直しなどもしている人も多く、類似した業務を経験していると評価されることがあるためです。

以上の他に、レアケースとなりますが、ＭＢＡを取得した弁護士や会計士、株式アナリスト、さらには一般の事業会社や官庁でＭＢＡを取った人もいます。ただ、そうした経歴が必ずしもＰＥファンドへのステップになるということではなく、それは各候補者の技能や人間性、ＰＥファンドへの熱意などが総合的に評価された結果です。

「労働者側」から「資本家側」へ

ＰＥファンドは企業に投資を行い、株主となって資本を握る組織ですから、そこに属して投資実務を担う人たちは株主側の構成員となります。つまり、**経済学的にいえば、ＰＥプロフェッショナルは「労働者側」ではなく「資本家側」の立場に立つというわけです。**

さらに、ＰＥプロフェッショナルとして必要な経験や技能を習得して一人前の投資家になった後は、そのキャリアにさまざまな可能性が広がります。例えばＰＥファンドのキャリアを継続する場合、パートナーと呼ばれる幹部になって投資事業を推進し、より多くの利益、つまりキャピタルゲインを得られる立場になっていく道もあるでしょう。

そして新たにＰＥファンドを立ち上げる場合や、事業会社を起業するケースなどもあります。つまり、**ＰＥファンドで働くことによって、投資と経営スキルの両方が身につくのです。**

ＰＥファンド出身で事業会社を起業した人々としては、ビザスクの端羽英子氏（ユニゾン・キャピタル出身）やココナラの南章行氏（アドバンテッジパートナーズ出身）などが有名です。

また、ＰＥファンドそのものを立ち上げた人を挙げるなら、佐山展生氏や山本礼二郎氏は、ユニゾン・キャピタルという当時は御三家といわれたＰＥファンドを立ち上げて、さらにその後に日本を代表するＰＥファンドの一つになるインテグラルを設立しています。

その次の世代では、ユニゾン・キャピタルでパートナーを務めた後、日本成長投資アライアンスを作った立野公一氏、さらに若い世代でいうと、ＤＣａｐｉｔａｌを立ち上げた仁木準氏（ゴールドマン・サックス出身）、木畑宏一氏、梅津直人氏（ともにユニゾン・キャピタル出身）などが挙げられます。

2

PEファンドは業界再編や企業価値向上の請負人

PEファンドの仕事の社会的意義

PEファンドの仕事をごく簡単にまとめると、以下のようになります。

「投資家から集めたファンド資金を企業に投資して、一時的に対象会社のスポンサーになり、経営改革を推進して企業価値を高め、自走できるようにする。そして、株式公開や保有株式の売却によってリターンを得て、その会社を次のスポンサーにバトンタッチする仕事」

この役割を対個人の仕事に例えるなら、ケガをした人を診察・治療し、リハビリテーションを実施しながら日常生活へと戻していく医療機関のようなイメージです。

企業を立て直し、雇用を維持し、場合によっては新たな雇用を生み出す。企業の再生や再成長が、地域の活性化にもなり、産業の発展にもつながっていく。ひいては日本経済の成長にも貢献しています。やりがいのある仕事であることはもちろん、単なる個人のやりがいを超えた社会的意義のある仕事といえるでしょう。

投資手法と事例

PEファンドが手がける主な投資のテーマや手法には、「事業承継」「カーブアウト」「ロールアップ」「企業再生」の四つがあります。ここでは手法の概要とそれぞれの事例を簡単に紹介します。

◎事業承継

日本の経済産業は、多くの中小企業に支えられています。**オーナー経営者の高齢化に伴う中小企業の事業承継は、地方を含めた社会的な課題です。**承継する人がいないために仕方なく廃業する会社が多くある中で、新たな経営者を招聘することによって、これまでオーナー社長の鶴の一声で動いていた会社を組織で動ける会社に作り直し、世に送り出していきます。

せっかくのいい会社を社会が失うことなく、持続可能な会社としてさらに発展させていく。PEファンドはこうした取り組みを行っているのです。

事例としては、コメダ珈琲店がよく知られています。2008年に、アドバンテッジパートナーズが創業者から約8割の株式を買って、当時、名古屋を中心とした東海地方に展開していた店舗を全国展開させました。成長戦略の策定・実行、内部体制の強化を図り、4年間で483店舗までになりました。2013年に外資系ファンドのMBKパートナーズにバトンタッチし500店舗達成、2023年7月に1000店舗を達成しています。

◎カーブアウト

カーブアウトは大きな会社の事業再編の際に使われることが多く、経営を立て直すために本業ではない事業を切り離していく投資手法です。

単に事業部門を別の会社に売却するのではなく、社員が新たな経営者となり、あるいは必要に応じて外部から経営者を招聘し、その事業部門を一つの新しい会社として独立させます。

今までサラリーマンとして事業部長をしていた人が社長になり、大企業の一部門として営業していた組織を一つの会社としてスタンド・アローン化し、その事業を本業として推進し成長させていきます。一方、このカーブアウトによって事業を切り離した元の会社は、メインビジネスに集中的に資本を投下して発展を目指すことになります。

最近のカーブアウト事例としては、武田薬品工業からアリナミンの事業をスピンアウトさせ、アリナミン製薬として独立させた案件があります。これを手がけたのは、米投資ファンドのブラックストーンです。

この他、世界最大級のPEファンドであるKKR（米国）が日立グループから日立物流（現ロジスティード）を独立させた案件や、これも最大級のベインキャピタル（米国）が東芝のフラッシュメモリー事業をカーブアウトしたキオクシアなどの案件があります。

◎ロールアップ

ロールアップは、PEファンドが既存の投資先企業を通じて同業の中小企業を水平的に買収し、規模の経済性を追求しながら収益力の強化を図る手法です。この手法によって、中小企業が乱立する業界では業界再編が進むことがあります（出典：『続・事業承継とバイアウト――ロールアップ編――』P4～5）。

この手法が広がってきた背景には、事業承継の問題があるようです。小さな会社が事業承継する際、PEファンドが作ったプラットフォームカンパニーの傘下に入ることによって大きな会社のメンバーとなり、その経済力によって競争力や収益力を強化できます。

この結果、例えば共同購買によってコストを下げられたり、人材採用や育成もスムーズにできたりするようになります。また、単体では資金やノウハウの不足によって実施が難しいDX化の推進も可能になり、経営の効率化も進みます。

これまであった数多くの小さな会社が一つの大きなグループに再編され、全体としての価値を高めていく。PEファンドではこうした戦略も手がけているのです。

こうした案件は、PEファンドが保有するルートで投資対象企業を探索する場合もありますが、ロールアップ需要の高まりに伴い、証券会社や銀行、税理士法人や会計事務所などがPEファンドに事業承継ニーズのある企業の情報を持ち込むケースも増えているようです。

ロールアップ事例として注目されるのが調剤薬局です。現在、全国の調剤薬局は6万店を超え、コンビニの数をしのぐとされます。コンビニは大手3社で全店舗の9割を占める一方、上位10社を合わせても20%に満たないというのが調剤薬局のマーケットです。

調剤薬局には小規模店舗が多く、創業オーナーが高齢化している現状に加え、診療報酬制度の改定に伴う対応が複雑化しているため、少人数のスタッフでは事業継続や人材採用などが難しいという問題がありました。

ここに事業承継ニーズを見いだしたのが、アント・キャピタル・パートナーズです。大手調剤薬局の阪神調剤ホールディング（現I&H）と合弁でアロスワンという会社を作り、全国の小さな調剤薬局を買収しながら傘下の店舗数を増やしてきました。

これによって各事業体の間で人材の融通ができるようになり、薬剤師の研修も可能となりました。KPI管理を導入するなど経営改善の取り組みも積極的に行われています。なお、アロスワンは2022年6月には住友商事の子会社となり、現在65店舗を抱えています（出典：『続・事業承継とバイアウト――ロールアップ編――』第6章）。

◎**企業再生**

企業再生は、経営が危機的状況にある企業の抜本的な立て直しを行うものです。

日本航空（ＪＡＬ）の再生は、企業再生支援機構という政府系の投資会社が手がけ、２０１０年に京セラ創業者の故稲盛和夫氏を会長に招聘して立て直した有名な事例です。東芝は、日本産業パートナーズが主導し、日本企業20社以上が支援している企業再生案件で、２０２３年8月にＴＯＢが開始され、買収総額は約2兆円規模となりました。

こうした大企業の改革とは自社で行うことが難しいものです。そのため、一時期ファンドが入ることにより、外部の知見を導入した改革を行っているのです。

事業承継のニーズに活気づくPEファンド業界

事業承継、カーブアウト、ロールアップ、企業再生と、ＰＥファンドが手がける主な投資テーマについて述べてきましたが、中でも２０１０年以降、特に国内の中堅・中小のオーナー企業の事業承継ニーズは非常に高くなっています。すでに2代目、3代目の経営者が多数存在し、外部にスポンサーを見つけて保有株式を売却したいという要望が一段と増えてきているのです。

その結果、ファンドの経営者の肌感覚としては、2000年代と比較して10倍ほどの案件数になっているようです。増加した大きな要因として、企業経営者がPEファンドの存在を認識したことが挙げられます。M&Aやバイアウトの手法を勉強、理解することによって、かつて抱いていたファンドへの恐怖心は消え、事業承継を検討する一つの選択肢として加えるようになったのです。

日本バイアウト研究所によると、日本のバイアウト案件におけるオーナー企業の事業承継・資本再構築案件は、72件（1999〜2009年）から、541件（2010〜2021年）に増加しています（出典：『続・事業承継とバイアウト――ロールアップ編――』P296）。

株式集約化におけるPEファンド

オーナー企業がPEファンドを活用する目的として、親族間などに広く分散している株主構成の是正が挙げられます。この場合、株主たち同士の利害関係の調整なども含め、株式の集約化を取りまとめ、新たな体制づくりを行うのはＰＥファンドの役割となります。新体制構築後は、新しい経営をスタートさせ、企業の成長を支援して企業価値を高めた上で保有株式を次の株主にバトンタッチしていくことになります。

事業承継ニーズの拡大にも関わりますが、銀行に関しても、メガバンクばかりでなく、地方銀行のＰＥファンドへの理解が急速に高まっています。このため、ＰＥファンドへの地方銀行からの投資候補企業の紹介が増えています。また、地方銀行自体がファンドにＬＰ（Limited Partner：有限責任組合員）出資するケースも増えています。

メガバンクは、ＰＥファンドが投資するときにＭ＆Ａファイナンスを提供します。ファイナンスの手法には専門スキルが必要で、以前の地方銀行の多くには、このノウハウはありませんでした。しかし、地方銀行でも、メガバンクや会計事務所系のＦＡＳなどへの出向などによって仕事を経験し、スキルを得て戻った人たちがＬＢＯファイナンス専門チームを作った例もあります。また、同様にＭ＆Ａアドバイザリー専門チームが設立された例もあります。

こうした銀行をはじめ、証券会社の投資銀行部門、Ｍ＆Ａ仲介会社、税理士事務所や会計事務所などのようにオーナー企業との接点を持っているプレーヤーが、事業承継問題を抱える顧客企業にＰＥファンドを紹介するというケースが増えています。これによって、事業承継や株式集約がスムーズに進むようになっているのです。

事業承継ニーズは、製造業、サービス業、小売業などの多様な業種で生じています。ＩＴ企業などのように技術の評価がしづらいところは、ＰＥファンドによっては得意不得意が分かれるかもしれません。また、地域としてはやはり首都圏が最も多いですが、全国的に広がりを見せています。

事業承継以外の案件も増加

事業承継以外の案件も増加しており、例えば、成長企業に投資するグロース投資も増えてきています。

ベンチャー企業が成長して大きくなったとき、さらなる成長資金の調達のための手段がＩＰＯ（Initial Public Offering：新規株式公開）だけでなく、ベンチャーキャピタルからＰ

Eファンドに保有株式が引き継がれ、未公開のまま経営の自由度を維持して成長を目指すということもあります。

前述のカーブアウトは、大手企業の選択と集中によって本業以外の事業を売却するもので、これもよく実施されています。

また、ロールアップもすでに述べたように、PEファンドの既存投資先の企業をプラットフォームにして事業承継を希望する中小規模の会社を何社も買っていき、一つの大きな企業グループを形成するもので、業界再編の仕掛けとして数多く実施されるようになりました。

以上のように、PEファンドは、事業承継をはじめとするさまざまな手法を通じて産業に必要な機能として広く浸透し、経済活動全体における存在価値をますます高めていくことでしょう。

日本で100億円以上のファンド規模を持つPEファンドは約50社といわれています。米国では約2500社あります。日本の経済規模が米国の4分の1程度であることを踏まえると50社は少なすぎます。少なくとも日本のPEファンドの数やPE投資規模は、現在の10倍になるポテンシャルを持っているといってもいいでしょう。

また、**米国で浸透している「株主資本主義」が日本にも浸透してくると、ＰＥファンドはまだまだ伸びていくに違いありません。**とはいえ、現在の日本のＰＥファンド業界はまだ黎明期。まさにこれから拡大していくステージにあるといえます。

実際のところ、コンサルティングファームが誰もが知っているマスマーケットになっているのと比較すると、ＰＥファンドは会社数も規模も、社員数もまだまだこれからといえます。

しかし、**誰もがすべてというわけではありませんが、コンサルティングファームの人たちが、コンサルの先にある「次に目指す世界」としてその魅力を認知していることは確実です。**それればかりか、ＰＥファンドという人気の職種に行くためのステップとして、まずはコンサルティングファームや投資銀行に行こうとする若手エリート層も多いようです。

3

PEファンドの仕事は知的総合格闘技

能力を最大限に発揮する真剣勝負の戦い

PEファンドの仕事を、この世界を全く知らない人に伝えるにはどうしたらいいでしょうか。この業界の人たちにこの仕事の特徴を聞いてみると「総合格闘技」に例えられることが多いようです。

総合格闘技という一つのスポーツの中に、世界のあらゆる格闘技や武術の要素が含まれています。空手、ボクシング、ムエタイ、レスリング、柔術などあらゆる個別競技のスキルや能力が求められるだけでなく、打撃技と組み技の両方が認められ、攻撃の制約を最大限排除して競い合うのが、総合格闘技です。

そこでは自分の能力を最大限に発揮し続けなければ、即敗者となってしまう、まさに真剣勝負の頂点ともいうべき熱い戦いが繰り広げられています。

これと同様に、PEプロフェッショナルという職種では、コンサルティングファームでのコンサルタント経験をはじめ、投資銀行やFASでのM&Aアドバイザリー経験、総合商社での事業経験など、個々の専門的職種としてのスキルを複数持つことが必要とされているのです。

違うスポーツに例えるなら、陸上の十種競技ともいえるでしょう。1日目の100m走、走り幅跳び、砲丸投げ、走り高跳び、400m走、そして2日目の110mハードル、円盤投げ、棒高跳び、やり投げ、そして最後に1500m走です。

まさに、キング・オブ・アスリートの称号にふさわしく、陸上競技のすべての要素に卓越した技能を持つ、究極のオールラウンダーが勝者として選ばれることになります。

日本が3度目の優勝を果たしたWBCでも、世界のチームによってデータを駆使した頭脳戦が行われました。米大リーグ・エンゼルスの大谷翔平選手は、投・打・走と縦横無尽のプレーで世界を沸かせ続けています。

いずれにしても、**ビジネスのプロとしてのすべての能力やスキルを備えた人だけがなし**

得る仕事。それこそが、ＰＥファンドの仕事なのです。

「物量」よりも「クオリティ」

ＰＥファンドの仕事は、やりがいも大変さも普通の仕事の何倍にも上るといわれます。しかし、それは勤務時間や仕事量といった「物量」の感覚ではなく、複雑さや成し遂げるべき「クオリティ」が何倍にもなるという感覚です。

ＰＥプロフェッショナルは、株主の立場に立ち、かつ投資先企業の経営陣と議論してトップの視点からいかに企業価値を上げるかを決めていく役割です。このため、自分の労働力を会社に売って報酬を受け取る労働者の役回りとは違います。

例えば、会社の緊急事態に対処し、自ら変革できるような社員はなかなかいません。そこで、最初は投資先企業の役職員に寄り添って一緒に改革プロジェクトを進め、同時にプロジェクトに参加する社員の育成にも取り組みます。このように難易度は高く労力もかかりますが、不眠不休で作業し続けるタイプの仕事ではありません。

その道のプロである投資先企業の人々が考えても、何が問題かわからない複雑な状況の中で本質的な課題を見抜き、やるべきことを決め、しかも対象企業の経営陣や社員に納得してもらった上で合意形成しながら改革を進めていくのは大変な仕事です。

プロジェクトをいくつも立ち上げて、リーダーを社員から選び、その人々を通じて全てのプロジェクトを同時に動かしていくことは、マネジメント力などハイレベルな技量が必要で、なかなか簡単にできることではありません。

投資後の間もない時期には、対象企業には会話をしようとしても「ファンドの人なんて嫌い」「話の意味がわからない」などと言って、露骨な態度で抵抗を見せる社員の方々がいることもあります。投資先企業に常駐しているファンドのメンバーが議長を務めるミーティングの場で、意見を求めても沈黙して無視されるようなことが繰り返されたりもします。

こうした状況下で、会社をよくするために、ファンドと対象企業が同じ方向を向いて頑張っていくように持っていくというのは、想像するだけでも大変なことだとわかるでしょう。

こうした背景があって、**ＰＥプロフェッショナルの仕事は、仕事の物量というよりも、クオリティや胆力を要求される仕事である**ということができるのです。

ただし、PEファンドに入って間もない若手が、ラージキャップといわれるような大型の投資案件で経営幹部と向き合い、その人たちを取りまとめる、というようなことにはなりません。こうした場面では、ファンドの幹部や中堅以上の人の指揮の下で、ジュニア層として割り当てられた働きをすることになります。

一方で、ミッドキャップ、スモールキャップといった中小規模の投資案件を対象としたファンドの場合であれば、入社後数カ月で投資先の経営陣や中堅幹部の人々と直接コミュニケーションを取り、組織変革や業務改善などの取りまとめの役回りを担うことはあります。コンサルティングファーム出身者は前職でプロジェクトマネジメントを経験していますので、早い段階でこういった役割を担うこともあります。

また、コンサルティングファーム出身者も投資銀行出身者も、入社早々に投資検討や実行の案件にアサインされて次々と新しい投資検討に従事し、投資実行後は後述のような投資先企業のバリューアップやモニタリングなどを任せられることは十分にあります。

どのように仕事を覚えていくのか

ファンドに入社する前から、コンサルティングファームでも投資銀行でも、自ら師の背中を見て学び、一緒にやってわからないことは聞く、そして自らレベルアップしていくという習慣を身につけている人がほとんどです。このため、**手厚い人材育成制度の有無を問わず、基本的には「自力でのし上がっていく」という考え方がPEファンドの世界のカルチャーとなっています。**

PEファンドへ転職する前に、必要なスキルをすべて身につけるのは難しいでしょう。しかし、前職がコンサルティングファームであればコンサルの基礎スキル、投資銀行であればその基礎スキルと、それぞれPEファンドの「ジュニア」としてキャッチアップするために必要な土台となる基礎スキルは持っていなくてはなりません。

プロとして働くための基礎スキルや汎用的なビジネススキル、また自分で学んで成長するマインドセットはもちろんのこと、未知の仕事を理解して自分でできるようにする学習スキルも必要となります。

専門性を含めた自分の強みがしっかりとあった上で、人を動かしていけるようなプロジェクトマネジメント能力やファシリテーション能力、性格的にも人から信頼される人間的な魅力など、この仕事で求められる専門的な知識や人間力の水準はかなり高度であるといえます。

このように常に自分自身を高め、チームをレベルアップさせ、目標に向かって動き、動かしていくマインドは、確かに本節の冒頭の例え通り、世界のトップアスリートに通じるものがあるといってもいいでしょう。

少し具体的な例を交えて述べると、比較的大きな案件の場合、ファンド側としては、パートナーにディレクターかVP、ジュニア階層から3~4人が加わって投資案件に関わっていきますが、財務分析やデューデリジェンスを行うFASや会計事務所の人、BDD（ビジネス・デューデリジェンス）を行うコンサルティングファームの人、法律面のデューデリジェンスを行う弁護士事務所の人など、外部の専門家を必要な局面で起用します。

ジュニアのメンバーは指示待ちではなく自立して業務を推進し、これらの外部専門家に必要なタスクを依頼して、期待通りのアウトプットが出てくるようにハンドリングします。例えば、デューデリジェンスを限られた時間とリソースで行わなくてはなりません。全部調べたいところですが、リスクのありそうな部分を見極めて「ここを念入りに調べよう」と判断していくのです。

わからないことがあれば、先輩や周りの人々に積極的に聞いて、やり抜いていくことが求められます。ある人は「入社間もない人間の特権だと思って、どんどん聞いたのがよかった」と述べていました。

このように外部の専門家を入れて、最大で100人近くにもなる人たちを取りまとめ、投資を実行していきます。また、投資後は投資先の経営陣や社員の人たちを動機づけし、バックアップしながら、同じ会社の経営を担うワンチームという感覚で会社の改革を進めていくのです。

これらのことを入社後の早い段階でどんどん取り組んでいきます。足踏みしている暇がないほどのスピード感が必要で、次から次に新しい課題に直面し乗り越えていかなければなりません。ある人物は、そんな状況を「新たなタスクに溺れそうになりながらも、その出合いが楽しいという気持ち」でやっていたといいます。

また、皆さん共通して「PEファンドに入社した最初の2年間くらいは、案件を経験するごとにラーニングカーブが上がっていくようなイメージ」だったといいます。

バリューチェーンの各段階で求められるスキル

PEファンドで求められる多様なスキルにはどのようなものがあるでしょうか。仕事の主なバリューチェーンは、①ファンドレイズ（ファンドの資金調達）、②ソーシング（投資先企業の探索）、③エグゼキューション（投資の検討・実行）、④バリューアップ（投資先企業の支援）、⑤エグジット（投資先企業の売却）となります。

それぞれの段階でどういったスキルが必要になってくるか、簡潔に述べていきましょう。詳しくは第3章でご説明しますが、以下、各段階で求められるスキルを整理しました（図表1）。

最初の「**ファンドレイズ**」は主にパートナーなどの幹部クラスが行い、かつ、この資金調達に目途をつけてから個別の投資に向けた仕事が始まるため、ディールの実務についてはソ「**ーシング**」からとなります。ここでは、自分たちの前職経験で持っているルートや、証券会社、投資銀行、会計事務所や税理士事務所、M&A仲介会社などから買収対象となりそうな企業の情報を集めます。

●図表1　ディールの各段階で求められるスキル

ソーシング

営業力／関係構築力／事業・ビジネスへの理解力／課題発見・解決／論理的思考／提案書作成などドキュメンテーション／財務分析（バリュエーション、モデリング)、事業分析／財務会計／法律／プレゼン力／交渉力　など

エグゼキューション

財務分析（バリュエーション、モデリング）／ビジネス分析（BDD）／ドキュメンテーション（契約書、資料作成など）／交渉力／プロジェクトマネジメント／財務会計／法律／ビジネスの知見／関係構築力　など

バリューアップ

事業分析／財務分析／戦略立案・実行／課題発見・解決／プロジェクトマネジメント／リーダーシップ／対人能力／事業推進力／組織変革／胆力／市場理解／事業理解／財務会計／法律などのビジネスに必要な広範な知見　など

エグジット

営業力／交渉力／事業・ビジネスへの理解力／課題発見・解決／論理的思考／提案書作成等ドキュメンテーション／財務分析（バリュエーション、モデリング）／事業分析／財務会計／法律／プレゼン力　など

集めた情報を分析して、事業モデルや経営状態を理解し、経営課題を把握して投資検討をするかどうかを判断します。これは、投資銀行におけるカバレッジバンカーが保有するコーポレートファイナンスの専門的な知見と営業的要素が必要な仕事であり、対象企業の経営課題を見抜いて刺さる提案を企画するためには、経営コンサルタントが持つ事業分析や仮説思考などのスキルが必要となります。

次に、「**エグゼキューション**」では、いくらで買収するか、スキームはどうするか、対象企業の経営陣との交渉などがあります。実際にM&Aを行う際は、まさに投資銀行のM&Aアドバイザリー業務における高いレベルでのスキルが必要です。

そして、投資を実行すると、次は「**バリューアップ**」（モニタリングおよびバリューアップ）の段階です。対象企業の経営課題を見極め、解決に向けた施策を立案。投資先企業の経営陣や社員に納得いただいた上で社員の人々を巻き込みながら経営改革のためのプロジェクトを推進して経営課題の解決に取り組みます。また、経営陣と合意した施策が予定通り実行されているか、設定したKPIを達成しているか、計画通りの業績を上げているかなどについてモニタリングしていきます。

このバリューアップの段階では経営コンサルタントにプラスアルファされた高いスキルが必要で、経営コンサルタントの課題発見・解決能力に加えて、プロ経営者の人を動かして経営目標を達成する能力などが必要です。コンサルティングファームがクライアントの経営課題を解決する施策の提示までが仕事だとすると、ＰＥファンドは施策の実行はもとより実際に課題解決するという成果までを担い、さらにその過程で対象企業の経営陣や社員の成長まで実現していく仕事です。

また、総合商社で事業投資を経験している人は、出資先企業の経営管理や必要に応じてハンズオンで出資先に出向して事業推進を担っています。そういった経験で培われたスキルも活きるでしょう。

最後の「**エグジット**」の段階では、売却金額を決定して相手方と交渉し、合意に持ち込みます。売却先を探し相手方に提案するという点で、投資銀行のカバレッジバンカーや経営コンサルのスキルが有用です。また、売却の実務についてはＭ＆Ａのスキルが必要です。

全体を通してみると、投資銀行のカバレッジバンカーやＭ＆Ａのアドバイザー、経営コンサルタント、総合商社などにおける事業投資や事業運営の経験者など、それぞれのプロフェッショナルファームで必要とされる最高水準のスキルが求められるということがわかると思います。

4

PEファンドの二つの報酬

第一の報酬は「ベース年俸と賞与」

PEファンドの報酬は、二つの体系に分けて考えるのがわかりやすいでしょう。常に支払われるサラリーとして、ベース年俸と賞与があり、これとは別に、ファンドがクローズしてリターンが出たときに配分される「キャリー」があります。

まずは、PEファンドの標準的な年俸と賞与を、ミッドキャップからミッド・スモールキャップのPEファンドで見てみましょう（図表2）。PEファンドの規模は99ページを参照ください。

●図表2　PEファンドのベース年俸と賞与

◎ミッドキャップ～ミッド・スモールキャップの場合

アナリスト （アソシエイト）	**700万～1,000万円** ＋賞与（ベース年俸×30～50%）
アソシエイト （シニア・アソシエイト）	**1,000万～1,300万円** ＋賞与（ベース年俸×30～50%）
VP（ヴァイス・プレジデント） （マネージャー）	**1,400万～1,700万円** ＋賞与（ベース年俸×30～50%）
ディレクター （プリンシパル）	**2,000万～2,500万円** ＋賞与（ベース年俸×30～50%）
パートナー （MD）	**2,500万円～** ＋賞与（ベース年俸×30～50%）

＊外資ラージキャップは、ミッドキャップの1.5倍ほどのベース年俸。

ベース年俸では、アナリスト（またはアソシエイト）で700万～1000万円、アソシエイト（またはシニア・アソシエイト）では1000万～1300万円、VP（ヴァイス・プレジデント、またはマネージャー）で1400万～1700万円、ディレクター（またはプリンシパル）では2000万～2500万円、パートナー（またはMD）ともなると、2500万円以上となっています。

賞与については、それぞれのベース年俸を100％としたときの割合です。なお、上位に行くほど高い比率が設定されている場合もあります。

外資系ラージキャップでは、ジュニ

アであってもさらに高い水準が設定され、アナリストで1000万～1100万円＋賞与（ベース年俸の50～100％）、アソシエイトで1500万～1700万円＋賞与（50～100％）からのスタートとなっています。

ベース年俸と賞与だけでいうと、コンサルや投資銀行とさほど変わらないのでは？と思われるかもしれません。しかし実態は、深夜・土日もなくハードな環境で精力的に働いている彼らこそが、ＰＥファンドを志望して移ってくる人々なのです。

コンサルも投資銀行のバンカーも、いうなればやはり労働者。会社に雇われて定められた職務を行う労働者の立場と、労働者を雇用して事業を行う株主側、資本家側にいるＰＥファンドとは立場が違うのです。

労働者として使われる立場から、資本家として人を使って事業を行う立場へと、自分が所属する階級を上げたいという気持ちは自然なものかもしれません。立場を変えることによって得られる経済的なメリットについて、これから述べたいと思います。

第二の報酬「キャリー」に大きな期待

ＰＥプロフェッショナルには、ベース年俸と賞与以外の報酬として、「**キャリー（キャリードインタレスト）**」というインセンティブがあります。ファンドが投資から得た儲けの一部をＰＥファンドのメンバーがボーナスとして受け取るものです。

このインセンティブは投資がうまくいき、ファンドのリターンが大きく出たときなど成果が出たときだけに得られるもので、定期的な報酬というわけではありません。しかし、作業に対する報酬とは違い、投資によるリターンの分配となり、個人的にもまとまった報酬が得られる機会となります。

労働者である会社員として働いていたとしたら、どれだけ会社の業績が上がったとしても、上がった分の報酬をくださいという話は通じません。業績アップに貢献したことで評価された結果、通常なら１００万円の賞与が１５０万円になる程度の話でしょう。

では、**増えた利潤は誰のものかといえば、株主のものです。投資先企業を売却したときに株主としてリターンを得るのがＰＥファンドであり、その一部をキャリーとして受け取るのです。**このような仕組みであるため、コンサルタントを含め賃金労働者であるサラリーマンの仕事で受ける給与を凌駕する報酬を得るチャンスがあるというわけです。

例えば、５００億円のファンドが最終的に１０００億円になったとしましょう。５００億円の儲けのうち、投資家に４００億円を戻し、残りの１００億円がファンドの運営会社に入ります。そのうち半分の50億円を会社に残すとして、残りの50億円をメンバーで分配することになります。その場合、役職や関与度合いによって傾斜配分します。

こうして一度に数千万〜数億円、上級職になればもっと高額の報酬を受け取れる可能性があるのです。

ただし、ジュニアのメンバーがもらうキャリーは、法律的に見れば40〜45％などの通常税率で所得税や住民税を払う賞与の扱いとなるため、「リターンから得られた賞与」ということになります。ちなみに、40％の所得税が発生するのは1800万円以上、45％の所得税が発生するのは4000万円以上の所得があった場合です（令和5年4月1日現在法令等）。

パートナーなどの上位層は、GP（General Partner：PEファンド運営会社）投資家として自らの資金を入れることになるため、キャリーがキャピタルゲインとして認められます。これにかかる所得税は20・315％となり、この差は意外と大きいものです。

あくまで計算上、仮ではありますが、ジュニア層のキャリーとパートナーのキャリーがともに1億円だとしましょう。それぞれの所得税分のみの差引支給額を見たとき、若手は5500万円、パートナーは約8000万円となり、金額が大きくなればなるほど、この差は広がっていくことになります。実際にはパートナーのキャリーの取り分はジュニアのメンバーがもらう金額よりもはるかに高額ですから、税率も相まって受取額はより大きなものになります。この観点からも、ＰＥファンドで働く限りはパートナーを目指すことがキャリア目標の主流になります。

なお、**ジュニアのPEプロフェッショナルも、将来パートナーになったり、独立して新しくファンドを立ち上げたりする場合には、ファンドに自己資金を入れなくてはなりません。**

これはＧＰコミットメントといわれるもので、ＰＥファンドを組成する場合、ＧＰとパートナーを含む役職員から合計で２％（業界標準）をファンドに出資することが求められます。

１００億円のファンドであれば2億円、５００億円規模なら10億円です。会社と役職員がどの程度の比率で出資するかは会社ごとに異なります。

運営会社自体は、役職員だけでなく他の企業が出資している場合や過去のリターンの蓄積、外部借り入れをしている場合もあるため、単純に役職員個人がすべて出資するわけではありません。とはいえ、役職員だけが株主の独立系ＰＥファンドを立ち上げるような場合には、ファンド総額の２％をパートナー含む役職員だけで出すことになります。

すなわち**PEプロフェッショナルは、パートナー昇格や独立後のファンドの立ち上げまでに、投資するための資金を作っておく必要があります。**その意味でもジュニアのメンバーでもキャリーが付与されるPEファンドは転職先として人気になります。

リスクを取りにいく姿勢が求められる

最近も、30代後半から40歳前後の人が独立して、新しいPEファンドが続々と立ち上がっています。これらのファンドの幹部の人々も自分たちのまとまった資金を自社のファンドに投資しています。

PEファンドを含め投資家の世界では、このように「積極的にリスクを取りにいく」姿勢が求められています。

PEファンドで働くということは、運用するファンドを続けて立ち上げることができなくなったら、当然そこで働くPEプロフェッショナルの仕事はなくなってしまうということです。長期的な雇用が保証されているわけではありません。自分たちで投資の実績を上げて、その実績が評価されて次のファンドに投資家から資金を入れていただくことで新たな投資ができます。このように自分の雇用も自ら作っていくものという考え方に立っているのです。

これをリスクと見るか、チャンスと見るかによって、その人のマインドが測れるともいえます。そのリスクテイクのマインドがなければ、いくら優秀でもPEファンドで働くことに尻込みしてしまうでしょう。

2022年、ペルミラ・アドバイザーズという大手の外資系PEファンドが日本から撤退しました。日本拠点代表者はシニアアドバイザーとして残りましたが、それ以外の社員は全員退職しています。この事実を見るとPEファンドは雇用が不安定だと感じるかもしれません。しかし、**ファンドが閉鎖されても、PEプロフェッショナルというスキルを備えた人たちの転職先は確実に存在します。**他のPEファンドやプロフェッショナルファームに勤務する人、事業を立ち上げる人、あるいは実力者であれば新ファンドを立ち上げる人もいるでしょう。

運用ファンドのパフォーマンスが悪ければ、次号ファンドはレイズできず、失業してしまうリスクはあります。一方で、高い運用パフォーマンスを上げることができれば、そのファンドからのリターンを得ることができるだけでなく、次に立ち上げるファンドにより多くの資金が集まります。そして、より大規模になったファンドで高い運用パフォーマンスを上げると、ファンドのリターンも大きくなり、結果としてPEプロフェッショナル個人に付与されるキャリーの額もさらに高額になります。

共感できるポリシーのファンドを選ぶ

このように報酬の面から考えたとき、PEプロフェッショナルの仕事をハイリスク・ハイリターンだと感じる人がいるかもしれません。確かに、その側面もあるでしょう。しかし、プロフェッショナル人材の仕事を紹介している人材エージェントの立場からすると、大企業に就職してずっと働いている方がハイリスクではないかと思うこともあります。

早い人では40代後半くらいから、遅くとも50代半ばになると、役職定年やポストオフによって能力に関係なく年収が下げられていきます。そのときに転職をしようと思っても、ジョブマーケットで評価される専門スキルを備えていない限りは転職先を見つけることが難しいのです。この実態を目の当たりにすると、一見、安定していると思われる大企業でも、長く勤めるほどリスクは増えていくと考えてもおかしくありません。

そのようなことになるよりは、プロフェッショナルファームでの経験と高いスキルを武器にして、PEファンドのように自らのスキルを高めてキャリアを選択していく人生のほうがいいのではないでしょうか。

PEファンドでのキャリアを選ぶ場合は、ジュニアから入って10年後にはパートナーになるか、自ら新しいファンドを立ち上げるのです。仮にうまくいかずに所属するファンドが解散となったとしても(実際にはそれほど頻繁にはありませんが)、ハイスキル人材が転職できる場所はいくらでもあります。

もちろん、私たちは安易にPEファンドでのキャリアを勧めているわけではありません。リスクはありますし、厳しいプロの世界であることはこれまで述べた通りです。

いずれかのPEファンドに入社した場合、他のプロフェッショナルファームのように短期間で転職するわけにはいきません。そのファンドにコミットする必要があります。また、個人的にも報酬の面では、そのファンドで上位クラスに昇格すればするほどキャリーの受け取り額は傾斜配分で高くなるため、ファンドを途中で辞める動機が少なくなります。

わざわざキャリーの権利を捨ててまで辞めることが心情的に難しくなるわけですから、「どのPEファンドでもよいから取りあえず入ってみて、違ったら他のファンドに行けばいい」という軽い気持ちで参加することはふさわしくありません。そのため、**最初に「ど**

のPEファンドに入りたいか」を真剣に考えることが大切です。

PEプロフェッショナルたちは、この業界を志望するかどうか熟考して、さらに、自分たちの価値観に合うファンドを選んで入社しています。入社後は責任あるプロとして投資の仕事に全力で取り組んでいる人たちばかりです。

繰り返しになりますが、コンサルティングファームや投資銀行の人たちが2〜3年など短期間で転職する傾向があるのとは違い、PEプロフェッショナルは自社に中長期的にコミットしています。投資家の期待に応えられるよう、結果に対して最後まで責任を持って行動するという心構えが必要となるのです。

PEファンドで働くということは、スキルや経験を積んだら転職をするという一般的なプロフェッショナルファームに勤務するときの目的や考え方の世界とは位相が異なりますから、「**共感できる投資ポリシーのあるファンドを選び、そこでフルコミットして好きな仕事に全力で打ち込む**」という発想で働いているのです。

5

ＰＥファンドへの転職チェックポイント

押さえておきたい重要な視点とは

① 投資実績

入社後、自分がどれだけ重要な経験を積むことができるかは、転職希望者が最も重視するポイントです。これによって、その後の自分のキャリアが変わってくるからです。

有名なファンドに入っても、結局1件も投資ができなかったとしたら、投資経験やスキルを十分に得ることができず、キャリアアップできないということになりかねません。自分が得られる経験の予測を立てるためにも、その会社がどれくらい投資を実行しているのかを認識しておく必要があります。組成されて間もないファンドの場合は、パートナーの実績を確認しましょう。

②投資先の経営への関与度合い

例えば投資先企業へのバリューアップの場面において、ハンズオン型の支援方法を採るのか、ハンズオフ型でファイナンシャルが中心となるのか。そのポイントによって、志望すべきPEファンドのタイプは違ってきます。この点は本人の志向に関わることなので、自分はどちらのタイプで働きたいのかを考えておく必要があります。

③ファンド規模（投資サイズ）

大企業への投資を行うPEファンド（ラージキャップのPEファンド）は1000億円を大きく超える規模となり、中堅中小企業を投資対象としている場合はファンド規模が数百億円程度の規模であることが多くなります。

ファンド規模や投資サイズで、そのファンドが投資対象としている企業規模がわかります。自分が大企業への投資をやりたいのか、あるいは、中堅中小企業への投資をやりたいのかを明確にしておきましょう。また、ファンドの規模が大きいと、管理報酬が大きくなります。これはベース年俸と賞与が高くなる可能性を意味しています。

管理報酬は、ファンドの出資金の1・5〜2・5％前後で決められるため、例えば、100億円のファンドと1000億円のファンドでは、単純計算で10倍の開きがあることになります。なお、管理報酬はファンドが各所に支払う諸経費の源泉でもあり、また給与にはマーケット水準もありますから、単純にサラリーが10倍になるという意味ではありません。

④ 投資ポリシー

投資先企業の経営陣や社員、また、売却後の投資家に対しても責任を持ち、三者ともに幸せになることを重視しているファンドがほとんどです。しかし、中には自分たちの儲けを優先し、とにかく儲かればいいと考えているファンドもないとは限りません。

ホームページなどに企業理念などと並んで投資方針が書かれている場合もありますが、それらを読んで理解するだけでなく、日頃から具体的な投資活動をチェックし、面接などで相手の考えを聞き出すことも大切でしょう。

⑤ 企業文化とマネジメントスタイル

一般の企業にも関係することですが、企業文化は、トップマネジメントの考え方や経営スタイルが影響してくるものです。例えば、マネジメントスタイルについては、仕事を任される裁量余地が大きい会社なのか、マイクロマネジメントなのかという違いがあります。

一概には言えませんが、証券会社の出身者がトップにいる場合、大ざっぱで仕事を任せるようなタイプが多く、銀行出身者がトップの場合には細かくきちんと管理するスタイルとなる傾向があるかもしれません。このスタンスは投資先に対する関わり方にも影響してくると思われます。ファンドが組成されてある程度の時間が経っている場合、こうした企業文化の傾向が見えてくるでしょう。

⑥内部メンバー同士の人間関係

ＰＥファンドは、複数のメンバーがチームで投資業務を進めていくため、チームの結束力やメンバー同士の信頼関係がファンドの成功のためには非常に重要です。メンバー同士の結束や信頼関係は、面接などの場で感じ取ることが大切です。

⑦報酬額と報酬体系、キャリーの有無と制度内容

ベース年俸と賞与の基準についてはファンドごとに異なるため、確認が必要です。キャリーについては、ジュニアの職位でも支給の対象となっているのかどうか、ある場合はそ

の条件を確認しましょう。また、選考の段階では開示していただくことは難しいとは思いますが、当該職位での配分率はどれくらいかといったキャリー制度についての確認も無理のない範囲でできればベターです。

⑧タイトルと全体におけるポジション

自分が入社するときのタイトル（職位）は何であるか。ジュニアであれば「アナリスト」なのか、「アソシエイト」なのかを確認することも大切です。ＰＥファンドでは、タイトルに役割も年収もひもづいています。特にコンサルティングファームなどとはタイトルの呼称が異なる場合があるので、自分に想定されるタイトルは職位全体の中でどのポジションに位置しているのかといった点も確認が必要です。

以上、ＰＥファンドに転職を志す人が認識すべきポイントを8点挙げました。企業文化や内部の人間関係など、入ってみないとなかなかわからないことについては、私たちのように紹介先のＰＥファンドとのパイプを持ち、過去の転職成功者からフィードバックされた多くの情報を持つ人材エージェントに聞いてみることをお勧めします。そして、それらの情報を踏まえて検討しつつ、最終的には自分で面接などの場で検証して把握しましょう。

ここで PE ファンドに転職した皆さんから伺った「仕事の魅力」についてご紹介します。どちらもやりがいと充実感がこもった熱いコメントばかりです。参考にしてください。

投資先企業や社員の方々が目に見えて変化していく様を実感できること。組織や人へのインパクトを与えられること、価値創出の実感。

ＰＥが関わらなければ消えていったであろう会社を、自走して成長できる会社に生まれ変わらせることができる達成感。会社や産業への貢献実感。そして自らの実績の積み上げ。

一般人がサラリーマン（労働者）から資本家の立場に昇格できる数少ないキャリアパス。

リスクを取ってリターンを得る投資の仕事だが、金融だけでなく事業にも関与できる。

ビジネスと金融のプロとして最高水準のレベルに成長できる。

投資先企業の株を 100%買収するため、力を持つ立場で仕事ができる。

業界再編を仕掛けることもできるなど、世の中を変えることができる可能性がある。

会社が難しい局面に置かれたとき、やはり株主でなければできないことがある。その変革を実行することができて会社が再び成長する。そして自分がいなくてもその成長を維持できるようになるのを見ると、少し寂しいのと同時にうれしくなる。

株主という立場で常駐していると、特に最初のうちは色眼鏡で見られがちで、そこで「お前はどういう人間なんだ」というのが試される。それを肌で感じる機会が多い。一つひとつは小さな達成感かもしれないが、そうした状況をクリアしていくのは、他の職業ではなかなか味わえない経験。

コラム 経験者が語る「仕事の魅力」

現場の社員の皆さんから、プロジェクトに関係ない部分でも「コンサル時代の経験を活かして、業務効率化を一緒に考えてくれませんか？」といった個別の相談を受けるケースも増えてきた。少しずつ信頼を得られているのかなとうれしく思い、やりがいも強く感じている（投資先企業への常駐経験者）。

自分の持っているスキル・人間性などをフル動員して働いている実感がある。「人間としての総合力で仕事に向き合いたい人」には向いている仕事。

投資先の会社が成長するのと同時に、自分自身も成長させてもらっているという気持ちがある。それがさらに次の案件、将来的には日本経済全体の活性化にまでつながっていってほしい。何かこれまでより一つ上の新しいステージに立ったような感覚がある。

グローバルで戦える強い企業を作っていく醍醐味を感じられる仕事。

投資先企業を資金面でサポートするだけではなく、独立という第二創業に際し、その会社のミッション、ビジョン、何なら社名にまで立ち戻って強化し変革していく。

ずいぶん年上の経営者の方々に、厳しいことを言わなければいけないシーンも出てくる。その意味では面白みもある一方、難しさもあることは事実。

以前は会議で社長（投資先）が何か言ってもみんな黙っていたのだが、最近は「社長、それは違います。こうやらせてください」と、目を輝かせて発言する方が出てきた。個人の心に火がつき、組織にも火がついて、チームのダイナミズムが変わってきた。うれしくて本当に涙が出そうになった。

第2章

PEファンドの基礎知識

1 PEファンドとは何か

PEファンドの定義

本章では、そもそもPEファンドとは何なのか、その歴史、市場動向、ビジネスモデル、他のファンドとの違い、タイプ、投資の種類、職位構造と報酬体系などについて解説していきたいと思います。まずはその定義から見ていきましょう。

PEとはプライベートエクイティ（Private Equity）の略で、未公開株式を意味します。PEファンド（プライベートエクイティファンド）は未公開（非上場）企業の株式に投資するか、もしくは上場企業を非公開化する投資を行います。そして、投資先企業が企業価値向上を果たした後に売却（エグジット）し、売却益（キャピタルゲイン）を得ることを目的としています。

ＰＥファンドは未公開株に投資しているところから、広義のＰＥファンドにはベンチャーキャピタルとバイアウトファンドが含まれることになります。

ベンチャーキャピタルは、いわゆるスタートアップと呼ばれる創業期から急成長期の企業に対して、経営権は取らない数％レベルにとどまるマイノリティ投資の資金提供を行うファンドです。

バイアウトファンドは、既存の企業の株式の過半数（51％以上）を取得して、マジョリティを取る。すなわち、経営権を獲得するファンドです。

本書では、未公開株への投資ファンドを狭義の「ＰＥファンド（バイアウトファンド）」として位置づけ、ＰＥファンドへの転職を目的としたキャリアデザインを中心に解説しています。

なお、ベンチャーキャピタルの場合、創業者が上場後のキャピタルゲインを狙っているところもあるため、ファンドが株式の過半数を押さえて経営権を取るようなことは一般的にはありません。スタートアップに対するベンチャーキャピタルの出資は、５％から多くても10％程度というのが通常です。これがベンチャーキャピタルとバイアウトファンドの大きな違いです。

PEファンドの成長土台となった二つの考え方

ＰＥファンドの起源をさかのぼると、一般的には１９７０年代から米国で発達を遂げてきたといわれており、その後、英国をはじめとする欧州に広がっています。

ここでは、二つの考え方がその成長土台となっています。

一つは、会社は株主のものであり、株主の利益を最大化するために経営されるべきとする「株主資本主義」の徹底です。日本の株式会社も、株主をおろそかにするものではありませんが、社員を大切にしており、人員削減、収益性のない事業の切り離しをドライに実行できる文化的土壌がまだ一部にしかありません。

しかし米国では、収益性の低い事業があれば、当然ながら切り離し、企業価値を上げることによって、株主がメリットを享受できるという考え方が徹底しています。

そしてもう一つ、米国で早い段階から発達したのが、ＬＢＯ（レバレッジド・バイアウト：Leveraged Buyout）をベースにした投資手法です。ＬＢＯとは、レバレッジド・ファイナンスによるバイアウトのことで、買収先企業の資産やキャッシュフローを裏づけにした、金融機関からの資金調達によって買収する方法です。

日本では、不動産などを担保に銀行から借り入れを行うのが主でしたが、こうした方法ではなく、企業収益をもとにしたファイナンスを行うのです。

例えば、買収金額を１００億円と仮定して、１００億円をエクイティ出資し、それが運用によって２００億円になった場合、2倍の成果となります。しかしこれが、50億円のエクイティ出資に50億円のレバレッジド・ファイナンスをつけて１００億円を用意し、結果として同じ２００億円になった場合、成果は4倍です。借り入れの返済は買収された企業が行います。こうした「高い収益性」を求める形でＬＢＯは発達してきたのです。

世界の代表的なＰＥファンド

日本に参入している代表的なＰＥファンドとしては、米国のＫＫＲ（コールバーグ・クラビス・ロバーツ）、ベインキャピタル、カーライル、アポロ・グローバル・マネジメン

●図表3　世界の主なPEファンド

創業年	社名・本部	運用資産
1976	KKR （米国・ニューヨーク）	5,100億ドル
1981	CVCキャピタル・パートナーズ （英国・ロンドン）	1,130億ユーロ
1984	ベインキャピタル （米国・ボストン）	1,650億ドル
1985	ペルミラ・アドバイザーズ （英国・ロンドン）	770億ユーロ
1987	カーライル （米国・ワシントンD.C.）	3,850億ドル
1989	Lキャタルトン （米国・グリニッジ）	300億ドル
1990	アポロ・グローバル・マネジメント （米国・ニューヨーク）	5,128億ドル

ト、欧州ではCVCキャピタル・パートナーズ、パートナーズ・グループといったところが挙げられます。

特にPEファンドのエポックメイキングとして挙げられるのは、1976年にベア・スターンズ出身のジェローム・コールバーグ・ジュニア、ヘンリー・クラビス、ジョージ・ロバーツによって設立されたKKRによるRJRナビスコの買収です（RJRナビスコとはたばこ産業と食品産業のコングロマリット企業）。

1988年、前年に起こったブラックマンデーにより、もともと170ドルであったRJRナビスコの株価が40ドルほどに低迷します。それに乗じ、

CEOのロス・ジョンソンが1株75ドルでMBOを通じた非公開化を宣言したことから買収合戦が始まります。これに、対抗LBOを仕掛けたKKRとの攻防が40日間続き、最終的に、KKRは1株109ドル、総額251億ドル（当時のレートで約3兆円）のLBOを果たします。

結果的に敵対的買収となったこの一件は、『野蛮な来訪者――RJRナビスコの陥落』（B・バロウ、J・ヘルヤー／パンローリング／2017）というドキュメンタリーにも描かれています。

日本におけるPEファンドの歴史

日本では、米国のPEファンドやベンチャーキャピタルから影響を受けた人たちが、1990年代にPEファンドを立ち上げていきます。

ベイン・アンド・カンパニー出身の笹沼泰助氏とリチャード・フォルソム氏が1992年に創業したアドバンテッジパートナーズが日本のPEファンドのパイオニアです。1号ファンドは1997年に30億円でレイズしています。

続いて1998年10月、佐山展生氏、江原伸好氏、林竜也氏、川﨑達生氏によりユニゾン・キャピタルが誕生しています。1号ファンドは1999年にレイズされ、金額は380億円でした。

ただし、ここまでの経緯は当時、国内ではほとんど知られていませんでした。

PEファンドというものが日本国民に知られるきっかけになったのが、本書の「はじめに」でも触れた、1998年10月の日本長期信用銀行（長銀）の破綻、および金融再生法に基づく国有化に端を発した米国PEファンド、リップルウッド・ホールディングスによる買収です。既存株式を10億円、さらに新規発行普通株式3億株を1200億円（1株当たり400円）、総額1210億円で引き受けたのです。

この事実は、世の中にこういったビジネスがあるのかという驚きをもって、多くの日本人に受け止められました。リップルウッドは実態を理解できていない日本人に「ハゲタカファンド」と呼ばれることになりましたが、長銀に関しては日本人社長を据え、雇用も守られていました。

その後約5年を経て再上場に成功、当時の時価総額が2400億円、リップルウッドは約1200億円のキャピタルゲインを獲得しています。

●図表４　PE 投資額の GDP 比率

米国	1.0%	（GDP 20.5 兆ドル）
英国	1.2%	（GDP 2.8 兆ドル）
日本	0.1%	（GDP 5.0 兆ドル）

出典：『プライベート・エクイティ投資の実践』

この時代、日本興業銀行、破綻した長銀、あるいは、リップルウッドが提携していた三菱商事、そうした金融・商社の人材がＰＥファンドの業界に少しずつ参画し始めたのです。

それから20年以上が経ち、最近のＰＥファンド市場を見ると、２０２２年の取引件数は１４６件、取引額で２・８兆円になっています。また、５００億円を超える大規模案件が存在感を示しており、市場を牽引しています（以上、日本プライベート・エクイティ協会調べ）。

しかしながら日本の投資額をＧＤＰ比率で考慮すると、米国や英国のわずか10分の１にすぎず、今後の拡大余地は十分にあると見られています（図表4）。

日本のPEファンドの市場動向

1993年に発足し、米国に本拠地を置くスティール・パートナーズというアクティビスト・ファンドがあります。敵対的TOB（株式公開買い付け）やM&Aを積極的に行うことで知られています。

スティールは2007年、ブルドックソースの全株取得を目標にTOBを行うと発表。態度を保留していたブルドックに対し、スティールは、1カ月平均の株価に約20％のプレミアムを乗せた価額で、全株取得に向けたTOBを開始しました。

ブルドックは新株予約権割り当てなどの対抗策を取り、一方でスティールの代表は敵対的買収ではないとの記者会見を行います。ブルドックの対抗策は株主総会で承認され、スティール代表は東京地裁に提訴。その後、東京高裁は、スティールが転売による利益確保を目的とした濫用的買収者であることを認定しました。

●図表5　PEファンドにおけるBtoC案件の例

・**コメダ珈琲店〈現 コメダホールディングス〉**
（アドバンテッジパートナーズ→MBKパートナーズ）
・**西友〈現 西友ホールディングス〉**
（KKR）
・**Francfranc**
（日本成長投資アライアンス、D Capital）
・**アリナミン製薬**
（ブラックストーン）
・**オリオンビール**
（カーライル、野村キャピタル・パートナーズ）
・**大江戸温泉物語ホテルズ&リゾーツ**
（ローン・スター・ファンド）
・**スシロー〈現 FOOD & LIFE COMPANIES〉**
（ユニゾン・キャピタル→ペルミラ・アドバイザーズ）
・**貢茶〈ゴンチャグループ〉**
（ユニゾン・キャピタル→TAアソシエーツ）
・**ファイントゥデイ資生堂**
〈現 ファイントゥデイホールディングス〉
（CVCキャピタル・パートナーズ）
・**フォーエバー21**
・**バーニーズ ニューヨーク**
・**ブルックス ブラザーズ**
（以上、オーセンティック・ブランズ・グループ）

このように、当初はPEファンドのネガティブな面ばかりが強調されていました。しかし現在では、中小事業者の事業承継案件や大企業からのカーブアウト案件、さらに企業再生案件、グロース投資案件などが多く見られるようになり、事業投資の実行者としての存在感が高まっています。

国内のPEファンドは、投資後に強引な人員削減を行うことなく、どちらかというと愚直なまでに経営改革に取り組み、設備投資なども実施しながら、成長に向けた支援を続けてきたといえます。今では、リストラはあくまで最終段階に近い手段であり、よほどのことがない限り、これを行使することはないようです。

そして今、PEファンドは日本企業にとっての「パートナー」「伴走者」として例えられるようになりました。ファンドのポジティブな面が社会的に広まったことによって、かつてのネガティブなイメージを持つ人は減ってきているといえます。

また、ファンドを直接的に知らなくとも、実は一般消費者としてごく日常的に使っているスーパーマーケットや外食チェーン、飲料メーカーなどの株主がファンドである例も多く見られます。参考までにBtoC案件の一例をまとめました(図表5)。

2 PEファンドと他の投資ファンドの違い

複数の業態を持つファンドの中で、PEファンドの位置づけとはどのようなものなのか。その要点を知るため、ここで狭義のPEファンド(=バイアウトファンド)と、その他の投資ファンドとの違いについて述べていきましょう。

ベンチャーキャピタル

PEとは、未公開株に対する投資全般を指します。このため、広い意味でいえば、PEファンドの中にはベンチャーキャピタルも含まれることになります。

ベンチャーキャピタルもバイアウトファンドも、未公開株に投資します。しかし、この二つのファンドの大きな違いは、バイアウトファンドは経営権を取る投資をするのに対し、ベンチャーキャピタルではスタートアップに対するマイノリティ投資により、経営権は取らないという点です。

ベンチャーキャピタルは、事業モデルが出来上がったくらいの社員数人というレベルで投資する場合もあれば、事業上収益が出ている上場直前の企業に投資することもあります。いずれにしても、高い成長性が期待される企業の、特に資金面・経営面をサポートするため、数％レベルにとどまるマイノリティ投資を行う形となります。

投資対象に関しては、ベンチャーキャピタルはＡＩ（人工知能）やフィンテック、ロボティクスやバイオテクノロジーといった新しい産業に対する投資が多くなります。一方、バイアウトファンドは、事業としてはある程度成熟している中での事業承継やカーブアウト、企業再生といった目的での投資となるため、どちらかといえば既存の産業であるケースが多く見られます。

また、ベンチャーキャピタルとバイアウトファンドの境界線に「グロース投資」というものがあります。上場できるレベルに達している企業に対しては、ＰＥファンド、ベンチャーキャピタルともに投資する可能性があります。これについては、ＰＥファンドの投資の種類として後ほど説明します。

アセットマネジメント

広義のアセットマネジメントは、投資資産の運用を実際の所有者や投資家に代わって行うことを指します。

しかし、ここでいう狭義のアセットマネジメントとは、流動性の高い流通株式や既発債(流通している債券)、あるいはその他の金融資産などを市場から買って運用を代行する業務のことです。個人投資家や機関投資家から資金を預かり、さまざまな資産に投資する投資信託や投資家に対して助言や情報提供をする投資顧問により、資産の管理・運用を代行しています。

日本では、野村アセットマネジメント、三井住友トラスト・アセットマネジメント、アセットマネジメントOｎｅなど、海外ではフィデリティ・インベスメンツ、キャピタル・インターナショナル、ウエリントン・インターナショナル・マネージメント・カンパニーなどがよく知られています。

ヘッジファンド

ヘッジファンドとは比較的よく耳にする言葉かもしれませんが、これもアセットマネジメントの一業態です。

通常のアセットマネジメントは、上場株式を買って、その株が上がったら売却し、そこで利益を得ることになります。しかし、伝統的なロングオンリー（安く買って高く売る）のアセットマネジメントには運用方法に限界があり、相場が下がると利益を出すことができません。

一方、ヘッジファンドは、相場の上下に関わりなく、利益を出すことを追求しています。空売りによって売りから入ることもでき、そこに買いを合わせてヘッジをしたことから、ヘッジファンドと呼ばれるようになっています。

「空売り」とは、保有していない株式を売ることで、対象となる株式を借りて売り建てし、決済期日までに買い戻して株式を返却するという信用取引です。買いの時点で株価が下がっていれば、利益を得ることになります。

ヘッジファンドにはさまざまな取引手法があり、代表的なものを三つ説明します。

◎ロング・ショート

ロングは「買い」、ショートは「売り」を意味します。割安株を買い建て、割高株を信用取引で売り建てる投資の方法で、安定的な収益の獲得を狙うものです。

◎イベント・ドリブン

M&Aや再編、業務提携など、企業の経営に対して重大な影響を与え、企業の将来を大きく左右するような重要なイベントが発生することを予想してポジションを取る投資手法です。

一例を挙げると、ホテル業界や観光業界のように、新型コロナウイルスが流行して株価が下がった業界は、イベント・ドリブンのヘッジファンドのマネージャーからは恰好の投資の機会ととらえられます。やがていつかはコロナ禍が収まる。収まったときに株価は戻ると予想し、株価が底を打ったようなときに買い建てるなどの取引をするものです。

◎グローバル・マクロ

世界の金融市場動向のマクロ経済見通しや政治的見通しから、各国の株式や債券、通貨などに売り買いのポジションを取って利益を獲得する手法です。

米国で何らかの経済的な理由で鉄鋼産業が売られた場合、やがて同じようなことが英国や日本で起こったりするものです。これを先読みして、日本でも最初から売り建てたり、反対に米国で買われたものがあった場合は、マーケットの時間差を活かして次のマーケットで運用したりするものです。統計数理のバックグラウンドを持った人材がアナリスト、マネージャーとして活躍しています。

エンゲージメントファンド

エンゲージメントには対話や関わりといった意味があり、「エンゲージメントファンド」は、議決権を持った株主が、建設的な対話を通じて中長期的な視点から経営改善を働きかけ、企業の持続的成長と企業価値向上を目指すものとなります。

エンゲージメントファンドの中でも、役員報酬の引き下げ、取締役の選任や解任、増配の要求、自社株買いの要求、低収益事業の売却要求など、強硬な手段を取るファンドを、特にアクティビスト・ファンドと呼んでいます。アクティビストは「物言う株主」ともいわれ、本書ですでに述べましたが、かつて日本人からは「ハゲタカ」とも呼ばれていました。
2023年3月、東京証券取引所が上場企業に「資本コストや株価を意識した経営の実現に向けた対応」を求め、「PBR（株価純資産倍率）1倍割れ」が注目されています。ある企業のPBRが例えば0・5であれば、株価が割安で、企業の資産価値の半分しかないということを意味しています。つまり、理論的には現在の株価で買収し、その後、会社を全部売却した方が儲けが出るという状態です。ここに目をつけたアクティビストが株を買い、所有不動産の売却、増配、経営者の交代などの要求を突きつけてくるのです。

株主至上主義が優勢な米国や英国では、会社は株主のものという発想が非常に強くあり、アクティビスト的なファンドが株価を上げるための資産売却や増配、自社株買いなどを提案し、PBRが何倍にもなるよう要求してくるのです。

経済合理性を追求する立場に立つと、こうしたアクティビストの手法は当たり前のこととされるケースも多いのですが、日本人的な発想・文化からすると、いまだに抵抗を感じる人は少なくないようです。

メザニンファンド

企業買収（買収ファイナンス）において、銀行などの通常のローン（シニアローン）よりもリスクが高く、株式よりもリスクが低いファイナンスを提供し、ミドルリスク・ミドルリターンを狙って資金を運用するファンドをメザニンファンドといいます。メザニンとは「中2階」を表すラテン語です。主として、優先株式、劣後ローンや劣後債などの形態で投資を行います。

企業を買収するとき、通常であれば資金を投入して株式を買いに行くところ、LBOのローンをつけ、それでもなお資金が足りないときに、通常8～10％と利息が高いメザニンファイナンスを活用します。

不動産ファンド

不動産ファンドは投資対象を不動産に特化したもので、アセットマネジメントの一つに挙げられます。近年、投資対象となる不動産の種類が増えており、オフィスやレジデンス、商業施設、ホテルなどの他、特に目立っているのが物流施設やデータセンターです。これは、ネットショッピングの需要が高まり、Eコマースが発達してきたことによるものといえます。

不動産ファンドのうち、公募形式を取り、一般の人が少額からでも買えるのがJ－REIT（Jリート）です。上場しているため、不動産価格以外の金利や経済の影響を受け、価格が変動します。また、流動性が高く、換金もしやすいのが特徴です。これは同様に海外各国にもあり、例えばシンガポールにはS－REIT、オーストラリアにはA－REITがあります。

なお、私募形式のものとして、少数の投資家を募る私募REITや私募ファンドがあります。どちらも非上場のため、不動産評価が直接反映されますが、相当額以上の投資が必要になるため、適格機関投資家が扱っています。

ファンド・オブ・ファンズ

ファンド・オブ・ファンズは、ファンドに投資するファンドです。

一般のファンドは、投資家から集めた資金を証券市場などで運用するものですが、ファンド・オブ・ファンズはすでにある複数のファンドに投資し、それぞれのファンドから得られた収益を投資家に分配します。リスク分散による安定投資のメリットがあるとされています。前提としては、機関投資家向けのファンドです。

米国などでは、ファンド・オブ・ファンズが確定拠出年金や損害保険、生命保険などの受け皿となっています。

例えば、エー・アイ・キャピタルというファンド・オブ・ファンズの運用会社があります。PEファンドとインフラファンドに投資をしているファンド・オブ・ファンズです。PEファンドの内訳としては、例えばAファンドやBファンド、Cファンドといった複数のファンドに対して、個々の割合で投資を行い、最終的にそれぞれの運用成果を得るということになります。

3 PEファンドのタイプ

ファンド規模による分類

ＰＥファンドにはさまざまなタイプがあります。

本節で最初に示すのは「ファンドの規模もしくは投資先企業の企業価値（ＥＶ：Enterprise Value）」による分類です。

正確な定義はなく、以下は投資先のＥＶを基準とした説明になりますが、主に１０００億円以上のＥＶに投資するＰＥファンドをラージキャップ、５００億〜１０００億円規模をミッドキャップ、１００億〜５００億円でミッド・スモールキャップ、１００億円未満のものをスモールキャップといいます。最近ではマイクロキャップといっ

●図表6　PEファンドの規模（投資先企業のEV）による分類

ラージキャップ	1,000億円以上
ミッドキャップ	500億〜1,000億円
ミッド・スモールキャップ	100億〜500億円
スモールキャップ	100億円未満
マイクロキャップ	（10億円以下）

て、10億円以下のEVに投資するファンドも増えています（図表6）。

セクターによる分類

米国にシルバーレイク・パートナーズというPEファンドがあります。TMT（テレコム、メディア、テクノロジー）業界に投資する、いわゆるテック系PEファンドとして、かつては日本に参入し、日立製作所の子会社、日立グローバルストレージテクノロジーズ（現ウエスタンデジタルテクノロジーズ）に出資交渉をしていたものの成立せず、2017年に撤退しています。

また、コンシューマー業界に特化したグローバルファンドとしてLキャタルトンが著名です。こちらはキャタルトン、LVMH（モエ ヘネシー・ルイ ヴィトン）、グループ・アルノーの3社の提携により設立されています。1989年、米国にキャタルトンが設立され、後にLVMHとグループ・アルノーがLキャピタルを設立し、2016年にキャタルトンとLキャピタルの合併によってLキャタルトンが誕生しています。

日本進出は2017年で、国内投資実績としては、OWNDAYS（メガネ販売チェーン）やエトヴォス（化粧品）、PHCホールディングス（ヘルスケア）、Ci FLAVORS（化粧品）などへの出資を行っています。

なお、日本においては、業界に特化したセクターファンドがメジャーな流れになるまでには、もう少し時間がかかるかもしれません。

ただし、BtoCビジネスにフォーカスして投資するPEファンドが見られるように、完全特化とはいえないものの、ある領域に強みを持って投資するPEファンドが多くなっていくでしょう。大手ファンドの中からカテゴリーキラーが出てくることも考えられます。

ストラテジーによる分類

事業承継、カーブアウト、ロールアップ、ＭＢＯ、企業再生、グロース投資といったストラテジーによる分類です。

・事業承継…………後継者問題を抱えるオーナー企業の承継投資
・カーブアウト……事業会社のノンコア事業の切り離し
・ロールアップ……同じ業種の会社を連続的に買収・統合
・ＭＢＯ……………自社の経営陣が自社の株式や一事業部門を買収し、独立
・企業再生…………経営が危機的状況にある企業の立て直し
・グロース投資……上場できるレベルに達している企業への成長投資

日本産業パートナーズのようにカーブアウトおよびＭＢＯを専門としているファンドもありますが、概して現状の日本のＰＥファンドは事業承継もカーブアウトも場合によっては企業再生、グロース投資もやるというところが多く、政府系ファンド以外では専門的な領域に特化したＰＥファンドは限られているようです。

2004年、カネボウ（現クラシエ）やダイエーといった大企業が経営不振に陥った際、そうした企業への支援を専門に行っていたのが、株式会社産業再生機構法に基づいて設立された産業再生機構です。そして2010年、約2兆3000億円の負債を抱えて経営破綻したJALの再生を行ったのが企業再生支援機構です。なお、産業再生機構は2003年から業務を行い、2007年に解散。企業再生支援機構は2009年に設立され、2013年に地域経済活性化支援機構に改組されています。

民間ではフェニックス・キャピタルが、事業再生および再編ファンドとしてジャパン・リカバリー・ファンドを作り、企業再生支援を専門に行っていました。フェニックスはその後、エンデバー・ユナイテッドに改組し、企業再生というカテゴリーにとらわれないバイアウトにシフトしています。

過去にはMBOを専門とするベスター・キャピタル・パートナーズ、グロース投資専門のサン・キャピタル・パートナーズが日本に参入していましたが、リーマンショックの影響などもあり、早期に撤退しています。

設立母体による分類

ＰＥファンドは、独立系、金融機関系、事業会社系、政府系といったさまざまな設立母体によっても分類することができます。

◎独立系

独立系ＧＰ（General Partner：ＰＥファンド運営会社）が特定の株主の傘下になく、運用ファンドもさまざまな投資家から資金を集めています。国内ではアドバンテッジパートナーズ（２０１９年、東京センチュリーが14・９％を出資）、インテグラル、ユニゾン・キャピタルなど。

◎金融機関系

特定の金融機関の子会社で、親会社の金融機関が中心となって出資しています。ＳＭＢＣキャピタル・パートナーズ、ＭＵＦＧストラテジック・インベストメントなど。

◎事業会社系

特定の事業会社の投資子会社で、親会社やグループ企業が中心となって出資するPEファンド。総合商社のファンドが有名です。丸の内キャピタル（三菱商事）、三井物産企業投資（三井物産）、アイ・シグマ・キャピタル（丸紅）など。

◎政府系

政府が中心となって出資する政府系投資機関が運営するファンドです。地域経済活性化支援機構、産業革新投資機構、海外需要開拓支援機構（クールジャパン機構）、海外通信・放送・郵便事業支援機構など。

◎複合系

金融機関と事業会社など、系列を超えた株主によって設立したファンド。アント・キャピタル・パートナーズ（農林中央金庫、三井物産企業投資）、日本成長投資アライアンス（マネックスグループ、日本たばこ産業、博報堂）など。

ここで少し、銀行がPEファンドビジネスに進出している背景について触れておきましょう。

企業経営者が融資やサポートを求めるとなると、第一にメインバンクに相談するのが従来のやり方でした。経済規模の割にはＰＥファンドが少なく、社会インフラとしては、銀行が機能していたのが実態です。

しかし、今日では特に未上場企業が先に事例として挙げた事業承継、カーブアウト、ＭＢＯ、企業再生、グロース投資などのニーズが出たタイミングで、融資だけでなくエクイティでの資金調達が必要となってきたのです。こういった背景により、銀行がファンドビジネスに進出するという動きが生まれています。

ＳＭＢＣグループでは、三井住友銀行が企業再生ビジネスの投資専門子会社として２０２０年に設立したＳＭＢＣキャピタル・パートナーズや、２０２１年に設置したスペシャライズドファイナンス部というＬＢＯ／ＭＢＯのメザニンローン部署があります。

また、２０２４年の春に三菱ＵＦＪ銀行が全額出資で立ち上げる投資専門の子会社ＭＵＦＧストラテジック・インベストメントなどが注目されています。

4

PEファンドの投資・種類別事例

過去に行われたPEファンドの投資の中で、メジャーな案件についてご紹介しましょう。

事業承継

・コメダホールディングス

喫茶店FCのコメダ珈琲店を運営するコメダの事業承継案件です。

創業者、加藤太郎氏が2008年、アドバンテッジパートナーズとサッポロホールディングスなどに全株式を約36億円で売却しました。

アドバンテッジが中心となって、コメダのオペレーションを改善した他、当時東海地方を中心に100店ほどあった店舗の全国展開を図ります。

その後、2013年、アドバンテッジやサッポロが、コメダをMBKパートナーズに売却。この時点で企業価値は約430億円となり、買収したときの12倍近くになっています。

翌2014年、コメダは単独株式移転によりコメダホールディングスを設立し、2016年には東証一部（当時）に上場しました。2023年7月には1000店舗までに増えています。

・日東エフシー

最近の案件では、インテグラルが手がけている日東エフシーという老舗の肥料メーカーがあります。同社は創業家2代目の方が26年間社長を務めてこられた会社で、2019年にインテグラルが投資し、2023年10月株式会社イチネンホールディングスに譲渡が決定。

投資後はインテグラルのパートナーが中継ぎの社長として常駐派遣し、老舗企業が長く培ってきたDNAを維持したまま、チーム経営に移行することを目指して改革を推進しました。そして課題解決のために部門横断のワーキンググループを複数立ち上げ、それぞれのグループリーダーには次世代の経営陣になるであろう40代の社員に担ってもらい、在庫削減や労働環境改善といったテーマについて議論しました。

そこでの結果を踏まえ、中期経営計画（中計）を策定すべく、パートナーと一緒に常駐していたインテグラルのシニア・アソシエイトが事業推進部長として次世代リーダーをサポートしながら、1年をかけて中計を策定。こうした活動を通じて、投資先企業の社員自らが会社の未来を考えるよう動機づけていったのです。

その後、外部から招聘したマネジメント人材に社長を交代してインテグラルのパートナーは常駐派遣からは帰任しています。この事例はアンテロープ社のホームページに詳しいインタビュー記事を掲載していますので、興味ある方はご覧ください。

カーブアウト

・VAIO

VAIOは、もともと1997年に誕生したソニーのPCブランドでした。

2014年6月まではソニーが製造販売していましたが、PEファンドの日本産業パートナーズから出資を受け、カーブアウトによってソニーから切り離されました。そして設立されたのがＶＡＩＯです。

背景としては、ＶＡＩＯブランドのＰＣ売り上げが落ち、大幅な減収が続いており、これがソニー本体の経営に影響を及ぼすほどの不採算事業となっていたのです。

ＶＡＩＯが引き継いだものは、ＶＡＩＯというブランド、安曇野の工場、事業部のメンバーだけでした。独立後は、設立当時１１００人いた社員を２４０人までに減らし、販売台数も５００万台から一気に20万台に削減。「持たない経営」を実行しました。

主力だったＰＣ事業を身軽にして固定費を減らす一方で、展望が見込めるＥＭＳ（電子機器製造受託サービス）やロボット事業にリソースを傾けたことによって、独立から2年後の２０１６年には黒字化に成功しています。

・キオクシア（旧称：東芝メモリ）

東芝からのカーブアウト。ベインキャピタル他のコンソーシアムが作った買収目的会社による買収。

・ロジスティード（旧称：日立物流）

２０２２年４月、ＴＯＢによりＫＫＲが日立物流を７６８６億円で買収。翌２０２３年３月、株式取得を完了。同年４月、ロジスティードに社名変更。

ロールアップ

・日本銘菓総本舗

ロールアップ戦略とは、同じ業種の会社を連続的に買収・統合し、市場のシェアを拡大しバリューアップさせていく戦略です。

典型的なロールアップ事例が日本銘菓総本舗です。これは２０１８年にアドバンテッジパートナーズが作った持ち株会社で、地域の小さな菓子メーカーを次々と買収し、その受け皿としているものです。

那須にある「庫《くら》や」は御用邸チーズケーキを主とした菓子製造販売とレストラン経営をしています。この庫やが２０１８年８月に参画し、次いで２０２１年３月、宇都宮の菓子製造小売トアヴァルトが庫やの子会社となりました。さらに同年８月、幻のチーズケーキで有名な洋菓子店エコール・クリオロが参画しました。経営ノウハウの交換や、物流や生産の最適化を行い、シナジー効果や全体の価値向上を狙っています。

・アロスワン

アント・キャピタル・パートナーズと阪神調剤ホールディング（現Ｉ＆Ｈ）によって作られた、調剤薬局のＭ＆Ａを専門に行う会社アロスワングループ。各地で数百社に上る調剤薬局を買収し、２０１９年、アントの持ち分を住友商事に売却してエグジット。

・アコーディア・ゴルフ

２００２年、ゴールドマン・サックスの不動産投資ファンドに入り、経営難に陥った日本各地の会員制ゴルフクラブを買収。２０１１年にゴールドマン・サックスとの資本提携を解消しました。２０１７年にＭＢＫパートナーズ傘下企業によるＴＯＢによって子会社となり、２０２１年にはフォートレス・インベストメント・グループによって４０００億円で買収されています。

MBO

・ニチイ学館

MBO（Management Buyout）は会社の現経営陣（Management）が自社の株式や一事業部門を買収し、会社から独立（Buyout）する手法になります。

介護大手のニチイ学館は2020年、米国PEファンド、ベインキャピタルと組んでMBOを実施してTOBが成立し、上場廃止となっています。2019年に創業者の寺田明彦会長が他界し、経営陣として集団的な経営体制の確立が急務であったことが背景にありました。

企業再生

・日本航空（JAL）

JALは2010年1月に負債総額2兆3000億円をもって経営破綻し、翌月には上場を取り消されました。

政府系ファンドである企業再生支援機構（現 地域経済活性化支援機構）は代表取締役会長兼グループCEOに京セラ創業者の故稲盛和夫氏を迎えて再生業務を行いました。同年12月には3500億円の公的資金を投入します。

そして2012年9月、驚くべきことに3年も経たないうちに東証への再上場を果たしています。さらに、企業再生支援機構は保有する全株式を売却（売出総額で約6632億円）。これは約3100億円もの利益を得たことになり、相当の成功事例ということができます。

グロース投資

・ネットプロテクションズホールディングス

ネットプロテクションズは2000年に創業し、2002年よりBtoC向けに国内BNPL（Buy Now Pay Later）決済のサービスを提供しています。

アドバンテッジパートナーズによる投資実行は2016年に行われました。2018年に設立されたNPホールディングスに株式移転を行い、現ネットプロテクションズホールディングスとなります。

その後もアドバンテッジはマジョリティ投資を行い、2021年にネットプロテクションズホールディングスは東証一部（当時）に上場し、時価総額1000億円を超えるユニコーンとなりました。

5

PEファンドの職位構造と報酬体系

職位構造

PEファンドという組織で働くPEプロフェッショナルにはどんな職位があるのでしょうか。図表7はPEファンドにおける職位構造で、各ファンドでその呼称は異なる部分がありますが、大きく分けるとこの3階層となります。

PEファンドでは一般的に、VP（ヴァイス・プレジデント）以上のシニアクラスのPEプロフェッショナルが中心となって仕事を進めていきます。VP未満となるジュニアクラスのPEプロフェッショナルは、シニアの下でこうした仕事のうちの一部作業を任せら

●図表7　PEファンドの職位構造

【幹部】
パートナー　※またはMD（マネージング・ディレクター）

▲

【中堅】
ディレクター　※またはプリンシパル
▲
VP（ヴァイス・プレジデント）　※またはマネージャー

▲

【ジュニア】
アソシエイト　※またはシニア・アソシエイト
▲
アナリスト　※またはアソシエイト

れるという形です。

シニア、ジュニアという名称は仕事の習熟度による階層区分です。シニアは投資全体を理解して実行し、チームを牽引していける能力がある人であり、ジュニアは一部の作業を担当できるスキルはあっても、一人で全体をリードしていく力はまだない人たちのことを指します。

一番上にパートナーまたはＭＤ（マネージング・ディレクター）といわれる幹部がいます。次にディレクター（またはプリンシパル）やＶＰ（ヴァイス・プレジデント）といわれる中堅がいます（またはマネージャー）。そして、ジュニアクラスとしてアソシエイト（またはシニア・アソシエイト）やアナリスト（またはアソシエイト）という階層になります。

パートナーやMDが全体を統括し、ディレクターやVPが現場でプロジェクトマネジメントを行います。この場合、経験やスキルの高いプロジェクトマネージャーがディレクター、経験が浅いプロジェクトマネージャーがVPという位置づけです。その下でアソシエイトやアナリストが作業を進めていくことになります。

なお、PEファンドでは外資系金融機関の慣習としての呼称を使う場合が多いですが、コンサルティングファームで用いられている呼称と若干のずれが生じています。

◎ジュニア（アナリスト、アソシエイト）

アナリストやアソシエイトの業務は、投資実行までのデューデリジェンスやバリュエーション（企業価値評価）、LBOを調達する際のモデリングといった作業面が中心となります。

ジュニアと呼ばれるこの2階層は作業面および外部・内部との調整業務（ロジ業務）が中心となりますが、ファイナンスの面では、会計の知識が強く求められることになります。

投資家に説明するための資料をピッチブックといいますが、投資家が十分納得できるだけの内容が求められ、その作成を受け持つことになります。非常に作業量の多い仕事です。

◎中堅（VP、ディレクター）

VP以降は、ジュニアの仕事をスーパーバイズするようなポジションとなります。ファンドによって違うところもあり、一概にはいえませんが、案件を探すソーシング作業に注力することも業務の一部になる場合があります。

投資実行後のバリューアップ段階では、アナリストやアソシエイトを使ってプロジェクトマネジメントを実施します。

この階層では、案件をどれだけ持っているかによってタイトルの違いが出てくるといっていいでしょう。VPが単発で1件持っているとすると、ディレクターは2件も3件も同時に見ていることが多いようです。

◎幹部（パートナー）

中堅の階層がマネジメントを行うのに対し、パートナーは、ファンドの統括責任者として全体を見る立場です。

最初のファンドレイズでは、アナリストやアソシエイトが作成した資料をもとに、投資家を回って資金を調達します。ここで何十億〜何百億円という単位のお金を預かり、資金管理をするのが大きな役割です。

ファンドが創業されるとき、創業者がパートナーと呼ばれる人になりますが、これまでの実績や信用がない限り資金が入ってくることはありません。確立されたバックグラウンドを持ち、投資家から信用も得られ、そこから資金調達することもトップの重要な役割となるのです。

PEファンドでは、ファンドレイズからエグジットまで一通りできるまでに**10年くらいかかる**とされています。**パートナーになって初めて、全工程をできるPEファンドのプロフェッショナルと呼べる存在になることができます。**

報酬体系

PEファンドのベースとなる給与や確定に近い賞与に関しては、ファンドの「管理報酬」から支払われているのが一般的です。

管理報酬の相場は、ファンド規模の1・5〜2・5％で、人件費以外の諸経費も管理報酬で賄われています。投資期間を終えて回収時期に入ると、管理報酬が逓減していくため、

1号ファンドの投資が終わる頃に2号ファンドを組成することによって、管理報酬の維持を図っています。**各タイトルのベース年俸と賞与については、第1章の59ページを参照ください。**

◎キャリー（キャリードインタレスト）は入社後5年目くらいから

ベースと賞与の他に、PEファンドの報酬として挙げられるのがキャリーです。第1章でも紹介しましたが、さらに詳しく仕組みを説明します。

キャリーとはファンドの投資成績に応じた成功報酬です。ファンド運営会社はGP出資した権利として、利益の一定割合の報酬を受け取ります。当然ながら、最終的なキャピタルゲインが得られない限りキャリーが出ることはありません。

PEファンド業界では、出資者に元本を返すことはもちろんのこと、一般的に回収した資金のうち、元本の約8％をハードルレートとして優先的にLP（Limited Partner：有限責任組合員）投資家に還元します。ハードルレート以上のキャピタルゲインが得られた場合、LP側に80％を分配し、GP側に数％から20％を割り当てます（図表8）。

キャリーの金額は、このGPに分配された20％がいくらになるかによって決まります。仮にハードルレート分を除いた回収資金が全額で100億円だとすると、GPに20億円が

●図表８　キャピタルゲインの分配

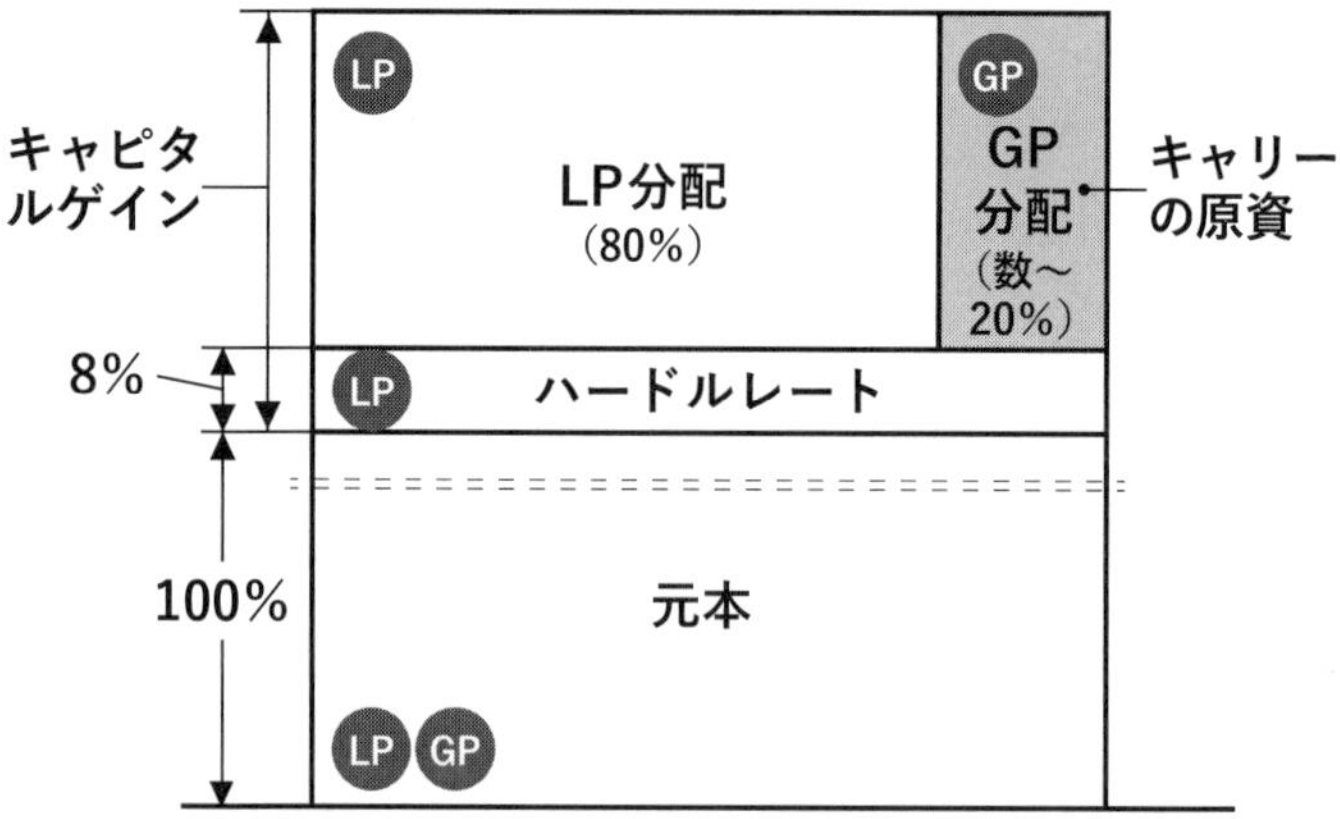

＊LP GPは分配先

還元されることになります。

ここにPEプロフェッショナルが10人いれば一人当たり平均2億円となりますが、均等に配分されることはありません。

配分の方法はファンドによって異なり、ファンドへの貢献度やタイトルによる傾斜配分が適用されるようです。傾斜配分の場合、パートナー、次いでディレクターと上位層には厚く、一番下のアナリストには相対的に少ない配分となります。それでも一般的には数千万円ほどのキャリーを得ることになるでしょう。

ただし、キャリーが回ってくるのは5～7年に1回というペースです。

ファンドはおよそ7年から10年くらいの期間があり、その半分くらいが投資期間、残りの半分が投資資金の回収期間となります。

ファンド運用が順調に進んだ場合、ファンド期間が終了する前の段階で次のファンドが開始されます。通常、予定の70％ほどの投資実行で次のファンドレイズに着手できる契約になっています。

このためPEファンド入社後に、初めてキャリーをもらうまでに5年くらいはかかるようですが、その後は5年以内に配分を受けられるようになるでしょう。すぐに辞めてしまうと、この最大のメリットを得られないことになります。

1号ファンドの立ち上げから在籍していた方が、キャリーに関して有利だといえますが、実績のない未知数のファンドの場合、立ち上げ当初から参画することに不安を感じる人もいるでしょう。ただ、参画するタイミングが早く、タイトルが上位であるほど成功したときの配分率はかなり高くなるといえます。

実績のある会社に入って安定を求める。これが普通の人の考え方だとすると、PE投資の人たちはリスクを取って未知の世界に踏み込み、勝負に出ていくタイプが多いようです。

第3章

PEファンドでは、どんな業務が行われているか

1

PEファンドで行われる5段階のビジネス

誰が、どんな投資をしているのか

PEファンドのビジネスモデルを概観します。

まずは、投資家である金融機関から資金を預かり、その資金を企業の投資に充てることになります。こうして投資先企業の企業価値を高めた上で、株式を売却。これによって資金を回収し、そこから上がった売却益（キャピタルゲイン）をファンドへの投資家（LP出資する金融機関）に還元することになります。

投資家というと、ウォーレン・バフェットやジョージ・ソロスといった個人を思い浮かべる人が多いかもしれませんが、ここでいう投資家（LP投資家）とは主に金融機関です。

具体的には、銀行（都市銀行、信託銀行、政府系銀行、地方銀行など）や、生命保険会社、損害保険会社、さらに、資産運用会社、ファンド・オブ・ファンズの会社、年金基金などが挙げられます。これらを総称して機関投資家といいます。

機関投資家は、かなり大きな資金を運用しており、日本でも、農林中金や日本郵政グループなどは世界最大級の機関投資家といわれ、グローバルなトップクラスのファンドなどに多額の投資を行っています。

また、機関投資家は伝統的な株式や債券など、比較的安全とされるローリスク・ローリターン、あるいはミドルリスク・ミドルリターンの投資を行っています。これらは、資産運用会社（投資顧問会社）に運用を委託しているものです。

一方、機関投資家の間では、一部の資金をハイリスク・ハイリターンのオルタナティブ投資に回すことが最近のブームになっています。「オルタナティブ」とは「代替の」という意味で、株式や債券以外のプロダクトやロングオンリー（安く買って高く売る）の投資手法以外の方法で運用するのがオルタナティブ投資です。

このオルタナティブ投資の一環として、ＰＥファンドをはじめ、ヘッジファンドやベンチャーキャピタルへのＬＰ出資などファンド投資があります。いずれも大きな収益を目指すものであり、低い流動性に耐えられるような大手機関投資家などプロ向けの投資だといえます。

PEファンドは、設立したファンドにLP出資してくれた機関投資家（LP投資家）から一連のプロセスの中で管理報酬として運用のための手数料を受け取る他、エグジットの際に得られた成功報酬がPEの収入となります。

管理報酬とは、出資金額（または出資の約束をした金額）に対して、投資家が一定割合の金額（年率1・5〜2・5％程度）をファンドの運営会社であるPEファンドに対して支払う手数料のことです。成功報酬とは、運用成績に応じて、投資収益の一定割合（数〜20％程度）をファンド運営会社であるPEファンドが受け取る報酬のことをいい、これがキャリー（キャリードインタレスト）の原資になるわけです。

PEファンドの仕事の流れ

PEファンドで投資担当者であるPEプロフェッショナルが行う業務について、第1章の54ページでご説明したバリューチェーンをおさらいします。

全体の流れとしては、左記にまとめたように投資する資金を集め、投資先企業を探して投資を実行し、その企業の企業価値向上のための支援を行い、次の株主に株式を売却してバトンを渡すというものです。

①ファンドの資金調達（ファンドレイズ）
②投資先企業の探索（ソーシング）
③投資の検討・実行（エグゼキューション）
④投資先企業の支援（バリューアップ）
⑤投資先企業の売却（エグジット）

投資を開始してからエグジットするまで、およそ3〜5年というケースが多く、長くても7年くらいでエグジットとなります。期限内に投資先企業のバリューアップに取り組まなくてはならないという意識が働き、先延ばしすることなく一気に改革が進んでいきます。

投資先企業の社員にとって、終わりの見えない改革の時期を過ごすのは不安かもしれませんが、「期間限定」であることによって安心感が得られるでしょう。ある国内系ＰＥファンドのパートナーは、投資前にその期限を経営陣にも伝えているそうです。

また、ＰＥファンドが投資することで対象企業の株主が交代するという事実は、企業にとって再出発のチャンスです。その企業は名実ともに新しく生まれ変わることになりますし、こうした効果こそがＰＥファンドが参入することのメリットといえます。

それでは、以上の仕事の流れを念頭に置きつつ、ＰＥファンドの仕事を順番に見ていくことにしましょう。

2 ファンドレイズ

投資のための資金調達

ＰＥファンドが仕事を進めていくためには投資するための資金が必要です。そこでまず「ファンドレイズ」に取り組みます。

ファンドレイズは、主にＰＥファンドのパートナーなど幹部を中心に行われていますが、国内ミッドキャップ系ファンドの場合、中堅クラスや若手の人たちが関与することもあります。中堅クラスの英語が得意な人が海外投資家への提案を行うような事例もあると聞いています。

ファンドレイズの際、ＰＥファンドのメンバーはさまざまな機関投資家を訪問してプレゼンテーションをします。そのファンドがどういったメンバーで構成されているか、どんな投資哲学があるか、どういう会社に投資しているかといった説明をし、資金を出してもらえるように提案します。

社員数30人以上というような大組織のファンドにはＬＰ投資家の対応をするＩＲ担当が在籍していることが多く、ファンドレイズをパートナー陣と一緒に取り組むこともあります。

初めて立ち上げた1号ファンドの場合、当然ながら実績がないため、主要メンバーのトラックレコード（過去の実績や経歴）を丁寧に説明した上で出資を募ることになります。以前のファンドでこれだけの会社に投資して、これだけのリターンを上げた、という実績の数字が求められるわけです。

1号ファンドは重要です。ここで期待通りの投資実績やリターンを出すことができたら、次の2号ファンド以降は資金が集まりやすく、1号ファンドの倍以上の規模になることも多くなります。ある新設されたＰＥファンドの第1号は１００億円前半くらいでしたが、2号では３００億円を超えたというケースもありました。

そして2号でも実績を上げれば、さらに3号、4号と続いて好循環が生まれ、国内だけでなく海外投資家からも注目されるようになります。近頃ではミッドキャップ系ファンドでありながら１０００億円前後という大規模なファンドを組成するケースも多くなっています。

それとは逆に十分な実績が出せない場合には、一転してシビアな状況になります。次の資金が集まらず、運用を終えた時点で解散せざるを得ない可能性が出てきます。

3 ソーシング

資金調達ができたら、次にソーシングに進みます。ソーシングとは、投資する企業を探す活動のことをいいます。

ソーシングルートとしては、大きく二つの方法に分けられます。

まずは、PEプロフェッショナルが独自に探し、対象企業と1対1で交渉していく相対《あいたい》という方法。もう一つは、企業が売り出される入札に参加する方法です。入札には、広く募集される一般的な競争入札と、候補のPEファンドを2~3社に絞り込み、クローズドな形で実施される限定入札があります。

相対

まずは、相対についてです。相対は、各ＰＥファンドが独自に行うソーシングの方法で、企業にコールドコール[*1]でコンタクトしてアプローチすることや、自らのソーシング・ネットワークを通じて投資候補となる企業の情報を集めて話を進めます。

実績あるＰＥファンドの場合は、企業から直接相談があるケースも多くあります。例えば、企業オーナーが経営者仲間から話を聞いてＰＥファンドに事業承継の相談に訪れるケースや、非公開化を希望する上場企業の経営者が直接コンタクトを取るといったケースもあります。その他カーブアウトなども同様に、相当数の相談例があります。

また、経営者は、普段からつきあいのある証券会社や銀行などに事前に相談しており、それらの金融機関などからＰＥファンドへ紹介されるケースも非常に多く見られます。例えば、銀行の顧客企業とのネットワークは強く、地方銀行などでは取引のある地元企業の経営者にＰＥファンドを紹介することも多いようです。特にこの10年ほど、地方銀行が自らＬＰとしてファンドに出資するケースも増えており、その地方銀行がＬＰ出資するＰＥファンドを取引先の企業に紹介することも多いようです。

＊1 面識のない相手（冷たい相手）に架電すること。ＢｔｏＢの世界では、主にターゲット企業に代表電話からアプローチすることを指す。ただし、迷惑電話として認識される可能性もある。

このように、PEプロフェッショナルは投資候補企業のソーシングを行うため、そのネットワークを広げる地道な活動を行っています。経営者をはじめ、彼らを顧客に持つ証券会社、銀行、さらには、弁護士事務所、会計事務所、税理士事務所などと、独自の関係を築いているのです。

大手企業や中堅企業への投資をする場合は、投資銀行(証券会社の投資銀行部門)や大手会計事務所系のFAS(ファイナンシャル・アドバイザリー・サービス)などのアドバイザーと一緒に投資企業を探すこともあります。PEプロフェッショナルはこうした人々を起用して投資先候補企業をリストアップし、アプローチやM&Aのエクゼキューションの支援を受けます。なお、投資が成約した場合には、アドバイザーへ成功報酬を支払うことになります。

中堅企業への投資では、M&A仲介会社からの紹介を受けることも多くなります。2010年以前の話ですが、仲介業者が取り扱う案件はPEファンドの投資先候補としては小規模すぎてファンドサイズに合わないため、ソーシングのルートとしては少ないといわれていました。しかし、最近ではM&A仲介会社の数が増え、またPEファンドに対する理解も深まって、各ファンドはそれぞれの特徴に合致する案件の紹介を受けられるようになりました。

ＰＥプロフェッショナルは、以上のようなルートで出会った経営者と相対で話を進めていくことになります。例えば事業承継を考えている経営者から相談を受けた際、何が重視されているのかを見極めなくてはなりません。それが売却の金額なのか、社員の雇用維持なのか、売り先なのか、などをしっかりと理解し、最適な提案をします。

対象企業の経営者と独占的に密なコミュニケーションを取りながら話を進める相対方式は、ソーシングのベストな方法だといえます。

入札

入札には競争入札と限定入札の二つがあります。

まず、競争入札の流れを説明しましょう。それは、自社の事業部門を売却したい企業が、取引のある銀行や証券会社に相談を持ちかけることから始まります。売却の理由はさまざまですが、特定事業の業績悪化であったり、事業の選択と集中であったりします。ですから、入札は当該事業を買収してくれるスポンサーを探すために実施されることになります。

事業会社から相談を受けた金融機関は、「セラーズ・デューデリジェンス[*2]」という分析を実施し、売却する側の会社の社名を伏せた形でティーザーと呼ばれる概要書類を作成し、PEファンドをはじめとした買い手候補先に送ります。

PEプロフェッショナルは、ティーザーの情報を見て、興味があれば秘密保持契約を結び、さらに詳しい情報が記載された「インフォメーション・パッケージ」を取得します。そして、この情報を分析し、投資すべきかどうかの判断をするのです。

PEプロフェッショナルは回答期限までに正式な意向表明を提出。その後、参加表明をした複数の買い手候補によって入札が実施されます。

競争入札では主要なPEファンドに幅広く声がかかりますから、ここで声がかからないということは、評判が悪いか、知名度がないかのいずれかだといわれます。ただし、非常に大きな案件に対して規模の小さいファンドを運用するPEファンドが手を挙げるかというとなかなか難しい面も多く、また自社の投資方針に基づいて参加しないというケースもあります。

また、競争入札の他には、限定入札があります。売り手としては複数の買い手を比較したいけれども、かといってあまりオープンにはしたくないという場合に、あらかじめ買い手候補を2~3社に絞って話を進めるというケースがこれに当たります。なお、事前に話がほぼ決まっているケースもあるそうで、A社にほとんど内定しているところ、全く違うタイプのB社を入れて比較検討するようなことも行われているそうです。

実績があって信用度が高いPEファンドは限定入札が多いようです。この点からも、限定入札は相対と競争入札の中間に位置するものといえるでしょう。

いずれにしても、売り手として複数の買い手候補を検討したい状況で、あまり情報をオープンにしたくないときに、限定入札の方法が採られることになります。

ソーシングのルートは、相対であればお互い密にコミュニケーションが取れて、多くの情報が得られるメリットがあります。一方で、入札では限られた情報の中で判断していかなくてはなりませんし、買収金額もどんどん高くなってしまう傾向があります。

プロセスの初期段階で行われるソーシングは、多くの場合はPEファンドの幹部クラスの人たちが中心となって行うものです。ただし、会社によっては中堅やジュニアの人でもソーシングに取り組む会社もあります。

＊2 売主の費用負担によって、対象会社または対象事業に対して行われるデューデリジェンスをいう。

また、本書では対象外としていますが、ベンチャーキャピタルやスモールキャップのPEファンド（年商数億～数十億円規模の会社に投資）が扱う小さな投資案件の場合、多くの会社に当たっていかなくてはならないため、ジュニアの人もソーシングに取り組んでいることが多いようです。ソーシングの役割を誰が担うかは、PEファンドのトップの考え方や会社の方針、カルチャーなどが大きく影響するのでしょう。

4 エグゼキューション

ソーシング活動によって投資対象企業の候補が集まると、次は投資を具体的に検討して実行するエグゼキューションのフェーズに入ります。

エグゼキューションの流れとしては、初めに資料や情報の初期開示があって、それをもとに検討し、基本合意書を締結。その後、追加の詳細情報をもらい、投資候補企業の精査（デューデリジェンス）を実施。そして、ＬＢＯの手法で資金調達を行うなどして、最終的に買収契約の交渉と締結に至ります。

情報の開示・検討・合意

ＰＥファンドからの提案が具体的に検討され、そこから対象企業とＰＥとの間では基本合意書の締結を目指します。ＰＥは開示された資料をもとに、バリュエーション（企業価値評価）および事業戦略の検討、投資後の資本構成の検討、投資ストラクチャーの検討を行います。

そして、こうした検討を経て対象企業とＰＥが大筋合意すれば、基本合意書を締結することになります。

そこから本格的なデューデリジェンスに入りますが、その前に実施する業務があります。それは、限られた情報をもとに分析を行って、対象企業にファンドとしての意向やプランを提案し、まずそこで合意を得るというものです。

相対の場合は、投資先候補の企業経営者と話し合える最大のメリットを活かし、経営者が何を求めているのかをヒアリングして把握することができます。そして、財務情報をはじめ、会社や事業に関する情報を受け取り、会社とビジネスの分析を進めていくのです。

このステージでは、会計事務所のような外部の専門家を使わず、ファンド自らで開示された資料を分析した上でファイナンシャル・モデルを作成します。その上で、ファンドとしての意向やプランを（法的な拘束力がない形で）提案します。これに合意できれば、本格的なデューデリジェンスに入ります。

検討の初期段階ですが、事業分析やファイナンスの分析ができるスキルが要求されるところです。

デューデリジェンス

デューデリジェンスとは、契約前に買い手側（PEファンド）が売り手側（対象企業）の実態を把握するため、価値やリスクなどを調査することを意味します。

投資を検討している対象企業にリスクがないか、買収価格はいくらが妥当か、その価格でどれくらいのリターンが出るか、といったことを分析して検討するプロセスです。

リスクについては、サービス残業や不払いの残業代がないかといったことや、製造業であれば工場の地下に汚染物質がないか、訴訟を受けていて後々トラブルになることはないか、あるいは、売掛金を回収できないリスクなどがないかなどといったことも含め、細かく分析していきます。

財務会計だけでなく、ビジネス、人的資源、法務などのデューデリジェンスを行い、投資後のことも念頭に置いて全面的に調べ上げていくのです。その際、書面だけでなく、ヒアリングもしていきます。

ここで行うことは、①対象企業の価値の正確な評価、②対象企業が抱える課題の抽出、③買収後の統合シナジー分析やリスク分析などです。これには3週間から6週間程度の期間を充てるのが一般的で、このステージでは、財務・税務・法務については会計士・税理士・弁護士などの外部専門家に依頼します。

ビジネス面については、コンサルティングファーム出身者がいる場合などはファンドのメンバーが自ら行う他、外部の経営コンサルタントに協力を仰ぐこともあります。

外部の専門家を起用する段階でファンドのメンバーが行うことは、デューデリジェンスの全体設計とプロジェクトマネジメントです。例えば、外部専門家に対して、

「会社のこの部分について、特に詳しく調べてほしい」
「事業のその内容を特に検証してください」
「この点に法務上のリスクはないか」

といった依頼を通じて、プロセスを進めていきます。

以上のような分析から判明した情報を、バリュエーションに反映していくことになりま

す。なお、この段階で投資を中断することも十分にあり得ます。

PEファンドが実施するバリュエーションはやや特殊です。一般的には「現在の適正価格」という意味で使われますが、PEファンドが行うバリュエーションは「どの価格で会社を買えば、どれくらいリターンが上がるのか？」という目的で行う分析のことを指します。すなわち、

・将来、この会社はいくらで売れるのか？
・どの程度のリターンを得たいのか？

ということを明確にする目的で実施されるのが、PEファンドのバリュエーションです。投資銀行やM&Aのアドバイザリー業務の経験者が求められるのは、こうしたハードスキルがあるからといってもいいでしょう。

通常のバリュエーションとファンドでのバリュエーションは、似て非なるものです。投資業務が未経験でPEファンドに入社する人は、ファンドのバリュエーションの目的を理解しておく必要があります。

なお、この過程では、税務や法務上のリスクを避けるために、会社分割や事業譲渡など、

さまざまな投資スキームについても検討します。

資金調達（ファイナンス）

ＰＥファンドの投資では、ファンドの資金を投資するだけでなく、多くの場合、ＬＢＯファイナンスと呼ばれる銀行からの資金調達を行います。目的はレバレッジをかけることであり、これだけで投資効率が高まり、大きな利益が期待できるからです。その場合は、経営者と共同で作成する事業計画や専門家から上がってくる情報などを金融機関に説明し、資金調達の交渉を進めていきます。

なお、ＬＢＯファイナンスの経験がある人はあまり多くはありません。ＰＥファンド以外では、都市銀行やＭ＆Ａアドバイザリーの人たちやメザニンファンドの投資担当者などで、専門家の数は限られています。

多くのＰＥプロフェッショナルにとって、これは入社後に習得すべき重要なスキルであり、実務を経験しないとなかなか身につけることができません。実際、ＰＥプロフェッショナルの間でも、スキルに差がつく分野となっています。このため、ＬＢＯファイナンスの知識と経験があると、PEファンドで仕事をする上で非常に有利になります。

交渉と買収契約の締結

買収プロセスの最後は、買収契約の締結に向けた取り組みとして、株式譲渡契約書の内容について交渉を実施します。このプロセスでは、M&A専門の弁護士に協力を依頼し、契約書を作り込んでいきます。大手法律事務所などには、PEファンドともつきあいの深いM&Aの専門部隊がいますし、最近では独立系の法律事務所も頭角を現しています。

PEプロフェッショナルは、バリュエーションやモデリングといったファイナンスの専門性だけでなく、交渉のスキルやドキュメンテーションの知見が求められます。

具体的にいうと、交渉では、投資銀行やM&Aのアドバイザーなどの専門家を相手に、いかに適正な価格で買うか駆け引きするスキルを、ドキュメンテーションでは、契約書を作成するための法律の知見が求められることになります。

契約書に記載される具体的なポイントの例を挙げると、次の通りです。

譲渡価格、クロージング関連の情報(日時、必要書類、銀行口座など)、クロージングの前提条件、買い手・売り手双方の表明および保証、誓約事項、違反があった場合の補償内容、契約解除条件、秘密保持義務、通知先、公表の手続きなどです。

あるベテランの投資スペシャリストによれば、買収契約は大切な論点はおよそ決まっているので、業務に習熟すれば問題なくできるようになるとのことでした。ちなみに、余談ですが、こうした業務経験のある弁護士の人がＰＥファンドでの投資業務を希望して、当社のような人材エージェントに転職相談にいらっしゃることも時々あります。

投資の実行

株式譲渡契約書を締結したら、次はいよいよ投資が実行されます。

それと並行して、シニアローンやメザニンローンなどの資金調達をする際は、これらの金融機関と契約を締結していく必要があります。

株式譲渡契約書の締結から投資が実行されるまで、およそ1カ月から2カ月程度あることが多く、この間に、ファイナンスするローンの契約手続きや投資実行に必要な準備を行っていきます。

金融機関とローン契約書の内容について交渉し、株式譲渡が実行される数日前には、ローン契約書を締結するための作業に取り組みます。この作業が完了したら、クロージング当日にローンが下りて、投資が実行されることになります。

投資実行の日には、買収代金の振り込みがされます。売り手から株式名義書換請求書を受け取ることで業務プロセスが完了となります。

5 バリューアップ

ファンドごとに手法の違いが表れる

PEファンドは、投資先企業を買収した金額よりも高い金額で売却することによって利益を得ることができます。そのため、投資後は企業価値を向上させる経営支援を行い、その企業が抱える問題を解決し、業績を伸ばして企業価値を高めるようサポートを行います。

このバリューアップのステージでは、PEファンドごとにスタンスの違いがよく表れるといわれています。理由としては、次の2点で各社の差が出るためです。

①バリューアップの力の入れ具合
②バリューアップの能力とリソース

◎バリューアップの力の入れ具合

PEファンドがリターンを上げるために行うことが3点あります。レバレッジ効果[*3]、マルチプルアービトラージ[*4]、そして、経営支援です。

レバレッジ効果とは、ファンドからの投資資金に加えて、銀行からの借り入れ（LBOファイナンス）も利用することで、買い手の限られた投資資金でより大きなリターンを得られる効果のことです。マルチプルアービトラージとは、割安に放出されている株や景気の変動などで株価が下落しているような割安な企業を買収し、企業規模が拡大してマルチプルが高くなったところで売却するものです[*5]。

レバレッジ効果とマルチプルアービトラージという二つの金融的な方法だけでリターンを上げるのは難しいといわれますが、実際には、それでリターンが出る投資案件が存在します。そして、その案件を経営支援によってさらにバリューアップすることで、売却するときの金額はさらに高くなります。ここでの力の入れ具合は、PEファンド各社で差があ

*3 借り入れ（LBOファイナンス）を利用して買い手の投資金額を削減し、投資効率を向上させる効果のこと。
*4 市場で割安に放置されている株や、景気の変動によって株価が下落している割安な企業を買収し、マルチプルが高くなったタイミングで売る手法。
*5 マルチプル法は、株式価値や企業価値を、利益や財務・経営指標の何倍に当たるかという観点から算定する評価技法のこと。最もポピュラーなマルチプル法といえば、企業価値／EBITDA倍率（EV／EBITDA倍率）。EBITDAについては＊6を参照。

るようです。

◎バリューアップの能力とリソース

PEプロフェッショナルにとって、投資先企業のバリューアップの際に求められる能力は、投資先を発掘してM&Aのエグゼキューションを行う金融の専門家としての能力とは異なるものです。

不要な資産を売却して現金化すれば経営を健全化できるという側面もありますが、そのように問題が明確な案件は珍しくなっています。

PEファンドが投資する案件は、その企業の何が問題となって成長が停滞しているのか不明瞭である場合や、問題は何となく察しがついていてもその解決方法がわからない場合など、複雑な事情を持った案件がほとんどです。バリューアップのために何をしたらいいかを見抜くことは簡単でなく、型通りのバリューアップをして売却すれば済むという話ではないのです。

しっかりとリターンを出しているPEプロフェッショナルは、投資先企業の社員たちも気づかないほどに潜在的な問題を、粘り強い分析や社員との地道な会話などを通じて発見します。過去のしがらみがあって手がつけられなかった問題などについても、経営陣や社員たちと丁寧に対話しながら解決していくのです。

すでに本書で述べたように、コンサルティングファームの場合は、基本的に課題と解決策を明確にして提案したところでプロジェクトが終了となります。しかし、PEプロフェッショナルの場合は、投資先企業の人たちに課題の解決策に十分に納得してもらい、自ら動いてもらいながら会社の改革を完遂することまでが求められます。

投資先企業の人々を動かすためには、卓越した人間力を駆使しつつ、リーダーシップを取っていく必要があります。そういった能力については、PEプロフェッショナルの間で大きく差が出るところでもあります。

あるPEファンドのトップの場合、社員数200～300人くらいの企業であれば、初めの1～2週間で全員に会うと言っていました。また、別のPEファンドでは、ハンズオン支援としてパートナークラスの人が社外取締役となって会議の運営にファシリテーターとして加わり、若い人たちは現場で社員の人々と一緒に汗をかいて業務改革に取り組むそうです。

その一方で、投資先企業の経営陣と密接にコミュニケーションを取りつつ、経営の役割は社内の人に任せていくハンズオフ型支援を採用しているPEファンドもあります。

バリューアップで取り組む100日プラン

投資後のフェーズで行うのは、投資先のモニタリングとハンズオン支援です。バリューアップのための改革を円滑に進めていくため、当面のプランとして100日プランと呼ばれる短期実行計画を立案します。

◎モニタリング

モニタリングはすべてのファンドが行っている業務で、投資先企業の業績を管理し、数値や定性面での動きを把握します。社外取締役に就いているファンドのメンバーは月に1〜2回の経営会議に参加し、モニタリングのデータを踏まえて経営陣と議論するイメージです。

企業価値向上のために設定した課題や目標の達成に向けて計画通りに進んでいるかどうかを把握し、状況を分析・評価した上で、必要に応じて修正を加えます。

モニタリングのために、まずはKPIを設定します。例えば、製造業であれば製品の販売個数の推移、製品セグメントごとの販売個数シェアや売上高シェア、新製品開発1件当たりの研究開発費といったさまざまな指標を設定して、経営を可視化していくのです。

オーナー企業の事業承継案件などの場合、こうしたことをやってきていないケースもありますが、財務諸表に表れる数値に加え、これらのKPIを把握しながらモニタリングを実施していくことになります。

施策ごとのEBITDA[*6]への影響も把握することによって、経営陣が現場にわかりやすくコミュニケーションを取ることができます。例えば、「経常利益50％アップを目指そう！」というよりも、「関西地域の製品の販売先を年間100件獲得しよう！」（その結果、経常利益が50％アップする）といったほうが具体的に伝わって、現場は動きやすくなります。

このように、PEファンドは投資先企業の経営陣に伴走し、定められた施策を実行するペースメーカーとしての役割を果たしていくのです。

◎ハンズオン支援

多くのPEファンドでは、必要に応じ、外部から経営人材を採用して投資先企業に送り込み、全社的な改革を促していきます。投資先企業が自社単体では採用できないような優

＊6 EBITDAとは、Earnings Before Interest, Taxes, Depreciation, and Amortizationの略で、企業価値評価の指標。日本語で「利払い前、税引き前、減価償却前」や「金利、税金、償却前利益」の意。

秀な経営人材採用の手伝いをするわけです。

また、経営コンサルティングファームに依頼して、オペレーションの改善に取り組むこともあります。こうした場合、PEファンドは送り込んだ経営人材や経営コンサルタントに実務を任せつつ、状況を把握し、経営陣と密に連携を取って改革を進めていきます。

経営コンサルティングファームの中には、PEファンドの投資先企業のオペレーション改善を手がける専門部署を設けているファームもあります。例えば、外資系のアリックスパートナーズは企業のターンアラウンドに強みを持つ世界的に有名なファームですし、国内系では産業再生機構出身者が立ち上げたフロンティア・マネジメントが有名です（この両社についてはアンテロープ社のホームページにインタビュー記事を掲載していますのでご覧ください）。また、戦略ファームの一部やBIG4系FAS[*7]にも事業再生を専門とするユニットが設けられています。

あるファンドのパートナーの方から聞いた話があります。中途採用で経営人材やコンサルティングファーム出身の経営企画担当者を募集しても採用まで時間がかかってしまい、必要なタイミングまでに人材を確保することが簡単ではない。ところが、投資先企業のバリューアップを強みとするコンサルティングファームに依頼すると、必要なタイミングで必要な人材を送り込んでくれてスムーズに改革プロジェクトが進むため、非常に助かっているとのことでした。

ハンズオン支援を行うPEファンドでは、どのように経営支援を行うのでしょうか。

ハンズオン支援に特に力を入れているPEファンドの例を挙げましょう。まず、幹部であるパートナーは社長やCOOなどの経営陣に就き、中堅のディレクターやVPがラインの長として担当事業の改革をリードします。そして、アソシエイトなどのジュニアは、社内で数多く設立されるプロジェクトや会議体のファシリテーションを担い、社員の人たちが取り組んでいるプロジェクトがうまく回っていくように寄り添って支援していきます。

ここまで、バリューアップについて100日プランの策定・実行やKPIの設定とオペレーションのモニタリングなどを例に経営の技術面について述べてきましたが、多くのPEファンドの人々がそれと同等かそれ以上に大切なことがあるというのです。

＊7　4大監査法人「有限責任監査法人トーマツ」「有限責任あずさ監査法人」「EY新日本有限責任監査法人」「PwCあらた有限責任監査法人」のグループに属しているFASの総称。

ハンズオン支援で大切なこと

PEプロフェッショナルたちが口をそろえて大切だと主張しているのが、投資先企業の人たちの心理面に配慮することです。

その会社で実際に改革のための施策を実行していくのは経営陣や社員の人たちです。いろいろと悪戦苦闘しながら変化を試みつつ、PEファンドのバリューアップが終わってエグジットした後は、投資以前の過去の状態と決別して完全に新しい会社に生まれ変わることになります。ファンドが株主になっているモラトリアムの数年間のうちにバリューアップに取り組み、エグジット後は、投資先が新しい会社として自走していくストーリーを作り上げることが何よりも大切なのです。

PEファンドにおいては、こうした投資先企業の人たちに対する心理的配慮を欠かすことなく意識を高め、一体感を持ってやっていくことが求められます。

投資後すぐに実行する100日プランをはじめ、改革を実行していく投資先の経営陣と社員の人たちは、ファンドが入ってきたことで、当初は皆さん不安やプレッシャーを感じているものです。

このため、特に経営陣や社員の人たちとの対話が重要とのことです。それによって投資先の人々の不安を和らげ、信頼関係を築いて、ファンドと一緒に自社をよい会社にするという共通のゴールに向かうワンチームであるという意識を醸成します。そして、PEファンドによる投資前の旧体制のときには「やりたくてもできなかったこと」や「それをやるために必要なこと」などについて、投資対象企業側に寄り添いながらヒアリングして対話を重ね、改革を実行していくことになります。

投資先企業のカルチャーや社員の人たちのメンタリティをよく理解し、現場を担っている経営陣や社員の人たちを尊重し続けることが、バリューアップに取り組んでいく上で最も大切なことだといえるのです。

経営人材の外部招聘

投資先企業内では経営改革を担うCEO、COO、CFOなどのCxO人材が不足している場合は、外部から経営人材を招聘することがあります。PEファンドが独自のネットワークやヘッドハンターを通じて経営人材をサーチし、投資先企業で採用します。

しかし、多くのPEファンドは、投資先企業の内部昇格で新しい経営陣を構成する傾向が強いようです。現状の社内人材の中から経営をやっていこうという意志があり、実際にそれができる人がいるなら、その人に任せるのが最良の選択と考えるからです。

経営陣に任命した人物に能力が足りなかった場合は、足りないスキルを身につけるための支援として、ＰＥプロフェッショナルが取締役などに就任して投資先に常駐してその人物と一緒に仕事をすることで育成することや、人事系コンサルティングファームなど外部専門家に依頼して数年間にわたる経営者育成プランを立案し、それを実行することもあります。

一方、カリスマ創業者が率いる中堅オーナー企業では、創業者がすべての重要な意思決定を担うことも珍しくなく、結果的に次期社長やＣＦＯ、ＣＯＯをはじめ、事業部長や部長クラスを含め、実質的に経営人材が育っていない状況が多々あります。そうした場合は、外部から経営人材を招聘することになります。

以下、これまでに実施された著名な外部人材招聘の事例をご紹介します（ＰＥファンド投資先に限りません）。

故稲盛和夫氏

京セラ創業者、ＫＤＤＩ設立。２０１０年2月、企業再生支援機構が再生を支援した株式会社日本航空（ＪＡＬ、現日本航空株式会社）会長に就任し、同社の経営改革を指揮して同社を再生。

小森哲郎氏

マッキンゼー・アンド・カンパニーを経て、カネボウ（現クラシエ）の代表取締役CEO兼社長やユニゾン・キャピタルのマネジメントアドバイザーに就任し、その投資先の社外取締役（旭テック、ニッセンホールディングスなど）、LIXILがカーブアウトさせた建デポの代表取締役社長CEOなどを歴任。現在はファイントゥデイホールディングス代表取締役CEO。

樋口泰行氏

ボストン コンサルティング グループ、アップルコンピュータ、コンパックコンピュータを経て、日本ヒューレット・パッカード執行役員、社長。ダイエー社長、マイクロソフト代表執行役社長、その後日本マイクロソフト執行役員会長就任。現在はパナソニックコネクトの初代 代表取締役 執行役員 プレジデント。

澤田貴司氏

リヴァンプ創業者、現ロッテベンチャーズ・ジャパン代表取締役会長、ファミリーマート顧問。ファミリーマート代表取締役社長、代表取締役副会長、ファーストリテイリング取締役副社長などを歴任。

プロフェッショナル人材の採用

経営人材だけでなく、経営陣が進める経営改革や組織改革を現場でリードするプロフェッショナル人材を、外部から採用することも多々あります。例えば、CEOやCOOを支える元経営コンサルタントや、CFOを支える元投資銀行バンカーなどがこれに該当します。

私たちアンテロープ社がお手伝いした事例として、コンサル出身者でPEファンドの投資先企業での経験によって経営人材へステップアップした人物がいます。最初にファンド投資先企業のCFOの下で財務会計など経営管理面の改革を担当し、同社がエグジットした後で、別の事業会社の経営企画に転職されました。そこで事業部長として一事業の運営を担当したのち、今度はファンドの投資先にCxOとして入社しました。

そして現在ではその会社のバリューアップに取り組んで活躍されています。このように実績を上げつつ、職場を変えながらステップアップしていく事例は多数あります。

企業再生のバリューアップ事例

ここで、バリューアップの事例をご紹介しましょう。中堅企業に投資するミッドキャップ系PEファンドのシニアオフィサー、Aさん（30代後半）の事例です。

Aさんは地方にある年商100億円前後の製造業B社へ投資した責任者。B社はハイテク機器に使われる部品でオンリーワンの技術を持っているニッチトップ。素晴らしい技術がありましたが、業績は停滞していました。外部環境の大きな変化についていけず、利益も出ていない状況でした。

創業オーナーから株式を引き継いだAさんは、内向きな環境で停滞しているB社を、小規模な製造業から高収益、成長企業に生まれ変わらせるために、三つの取り組みを行いました。

①経営管理の見える化

まず、経営管理の見える化です。

その会社が何で収益を上げているのか、どこで余計なコストを負っているのか、そういったことを経営陣ははっきりとはわかっていなかったようです。そこで、商品やライン、顧客ごとの利益の見える化を進めました。現状を把握するだけで課題を見いだすことができ、やるべきことが明確になったそうです。

②業務改善の推進

次に、業務改善の推進です。業務改革や組織変革のプロジェクトを部門横断的に多数立ち上げ、社員の人たちを巻き込んで進めていきました。それによってB社は二つの古い慣習から脱却することができました。

一つは、オーナー経営からの脱却です。創業オーナーの指示だけで経営が動く体制から、組織で事業を動かす体制に構築し直しました。これはすなわち、組織体制だけでなく、社員一人ひとりの主体性を高めることも意味しています。同時に、自分で仕事に責任を持って取り組むという意識改革もなされました。

もう一つは、売上至上主義からの脱却です。利益やキャッシュフローを重視する経営スタイルに転換しました。例えば、特定顧客に頼っていた事業を、少量多品種の生産体制に移行して、利益を出せる体制を作り上げたのです。また、キャッシュフローのＫＰＩ化なども実現しました。

③新規の受注と設備投資

最後は、成長するために行った新規クライアントからの受注と設備投資です。

経営の見える化をし、業務や組織を改善し、利益重視の経営に移行することで、効率的に事業が運営されて健全な会社になりました。ただ、これだけでは大きく成長することはできません。

Aさんは、既存の国内の得意先だけでなく、海外の企業からの受注を増やすことで、これまでにない成長ができると見ていました。B社は、世界中を見ても他にはない優れた技術力を持っていました。ニーズは必ずあると確信していたのです。

このことは、実はB社の人々もわかっていました。ただ、そのためにはかなり大規模な設備投資が必要でした。その際の資金調達が困難であることや、海外の企業と交渉できる人材もおらず、仮に工場を新設しても受注できる自信がありませんでした。

しかし、Aさんは海外MBAを修了しており、グローバルな仕事経験も豊富です。まずは、設備投資に必要な資金調達について金融機関との交渉です。この点、PEファンドのプロフェッショナルであるAさんは専門家です。B社の経営陣から一任されて取り組みました。ただし、今回狙っていた海外企業との取引はかなり大きなものでした。ひとたびその海外企業から受注すると、かつてない規模の部品を供給する必要があるため、設備投資額も大きく膨らみます。

会社規模に対して設備投資負担が過大となり、B社が負えるリスクを超えそうな水準でした。仮に、その海外企業の販売が低迷してB社への発注が大きく減少した場合、経営への打撃は必至だったそうです。

そこで、ターゲットとなる海外企業には、B社のリスクを軽減できる条件での受注を目指して交渉を行うことにしました。海外企業にもかなりの無理を強いるハードネゴシエーションです。その本社に何度も足を運び、交渉を繰り返しました。最後には、B社が納得できる好条件で受注を獲得したのです。

その後、幸いにも新製品の販売は順調で、B社の新たな収益の柱が一つできました。投資効果も抜群で、全社の年間売り上げが爆発的に伸びたそうです。


このように、設備投資に必要な資金を得るための金融機関との円滑な交渉を担い、新たな工場を建設。同時に、新たな海外クライアントを開拓し、それも、B社に有利な条件での契約を獲得。これもAさんが自ら動いて実現していったのです。

無事、B社の新たな成長の後押しを果たしたAさんは、この過程でB社の人々に手本を見せて人材を育成していきました。Ａさんが抜けた後も、Ｂ社の人々が自ら事業を持続的に成長させられるよう取り組んだことはいうまでもありません。

6 エグジット

投資先企業のバリューアップに取り組んだ後、PEファンドはその会社を売却します。このことをエグジットと呼んでいます。

投資をしてからエグジットするまでの期間は、3〜5年くらいのケースが多くなります。事業承継の案件の場合、オーナー社長から会社を譲り受けて投資を実行します。投資後はそれまでカリスマオーナーの鶴の一声ですべてが決められていた会社を「組織」として事業を回せるよう、組織と業務プロセスを再構築していきます。さらに、経営課題を見いだしてそれを解決します。

こうして投資先企業の企業価値を高めたら、保有株式を売却してキャピタルゲインを獲得します。こうして投資先企業を次のオーナーにバトンタッチするのです。この最後の部分がエグジットというわけです。

エグジットの類型

ＰＥファンドが投資先企業を売却するエグジットには、大きく分けて三つの類型があります。

・Ｍ＆Ａ……他の企業に保有株式を買い取ってもらうケース。非常に多いパターン
・株式公開（ＩＰＯ）……株式市場を使って一般投資家に株式を売却するケース
・リキャピタライゼーション（Recapitalization）……投資先企業が追加で資金を借り入れて、保有株式を買い戻すケース

エグジットのプロセス

前述したエグジットの類型のうち、特に多いＭ＆Ａについてエグジットのプロセスを示します（図表9）。

最初の「売却先のサーチ」は大変な作業となるので、投資銀行やＭ＆Ａアドバイザリー

●図表9　M&Aのプロセス

売却先のサーチ

▼

エグジット方法の決定

▼

デューデリジェンス

▼

売却交渉

▼

クロージング

会社などのファイナンシャル・アドバイザー（FA）を起用することが多いようです。

この段階では、エグジットの時期をいつにするのか、十分な売却価格がつくだけの実績があるか、また、市場環境は整っているかなど、さまざまなことを検討しつつ進めていきます。

さらに、複数の買い手候補を見つけて競わせることもあります。より高い価格での売却を目指していけるか、あるいは時間をかけて競わせるよりも早期売却を選ぶのか、という判断が必要になることもあります。何がベストかを考えながらエグジットの交渉を進めていくのです。

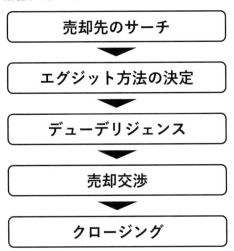

エグジット方針の決定は、やはりPEファンドごとに違いが出ることもあります。

PEファンドの中には、売却価格を優先するところもあるでしょう。リターンを重視しながらも投資先企業の意見を考慮するPEも多くあります。

なお、投資先企業を別のファンドへと渡していく形では、その企業を引き続き不安定な状態に置くことになる場合もあります（ただし、さらなる企業成長のために戦略的に別のPEファンドへ引き継ぐケースもあります）。このため、エグジット先として他のファンドに転売するのではなく、できるだけ事業会社にバトンタッチしていくように動くことをポリシーにしているPEファンドもあります。

国内で活動している多くのPEファンドでは、「リターンが出るなら、いつ、どこにでも売却する」という方針はまず取りません。各社ともレピュテーションリスク*8にも配慮していますし、後続ファンドの募集に悪影響が出るようなエグジット方法を採ることはないようです。

---

*8 企業に関するネガティブな評価が広まり、信用やブランド価値の低下や損失を招くリスクのこと。特にバイトテロなどのように、SNSの投稿・拡散によって悪評が社会全体に広まる可能性もあるため、対策が必須とされる。評判リスクや風評リスクともいわれる。

以前に私たちが話をお聞きしたあるミッドキャップ系ＰＥファンドのパートナーの方は、そのファンドが単独で決めるのではなく、経営陣と深く対話しながら、企業価値の向上の観点から望ましい方法や相手先を選定するべきという考えでした。

「経営陣の想いや対象会社の企業文化を尊重し、エグジット後も持続的な企業価値向上に向けて、さらなる成長を後押しいただける先に厳選して、バトンタッチしています」と語ってくれました。

ＰＥファンドへの転職を考えている人は、そのファンドの業務に興味を持てるのかという観点だけでなく、応募を考えている会社の投資哲学や投資方針と、自分の価値観とが合致するのかどうかをしっかりと考えて検討していくことをお勧めします。

第4章

PEファンドに転職するには、どんな方法があるか

1 PEファンドへのキャリアパス

ここまでPEファンドの仕事とそこで働く人のスキルや人間性などについて説明してきました。本章では、専門性の高いPEプロフェッショナルになるためにはどんな道をたどればよいかについてお伝えしていきます。

ハイエンド人材の転職状況が活性化

昨今のハイエンド人材の転職状況はかつてない売り手市場です。近年その流れがより加速しているように感じます。

特に、コンサルティングファーム出身者や投資銀行出身者は引く手あまたという様相です。スタートアップや大手事業会社でも、高い給与水準のプロフェッショナル人材があまり年収を落とさずに入社できるような特別な給与体系を作り、コンサルタントや投資銀行のバンカーなどを採用するというケースが増えています。つまり、プロフェッショナルファーム出身者が転職を検討できる選択肢の幅が広がっているのです。

例えば投資銀行出身者の転職先は、以前はほぼ同業他社で、一部の選抜された優秀な方がＰＥファンドとのイメージでしたが、最近はそれらに加えてスタートアップ、大手事業会社、ＰＥファンドの投資先企業、ＰＥ以外の投資ファンド（ヘッジファンドやエンゲージメントファンドなど）など多様になってきています。

プロフェッショナルファーム出身者の採用競争が激化する中、ＰＥファンドの選考対象として投資銀行やコンサルティングファームの人材に加えて総合商社出身者で事業投資の経験がある人も注目され始めています。

理由としては、商社出身者は地頭やビジネススキルなどの基礎能力に加えて、事業の理解やファイナンスの知見もあり、事業や人を動かす技能が高く、また（配属部署によりますが）事業投資や出資先の経営管理、バリューアップなどＰＥファンドの業務に通じる経験を備えている人がいるためです。総合商社の人材がＭ＆Ａや経営コンサルティングのスキルなどを身につけることによって、多くの人がＰＥファンドで活躍しています。

そしてまた、投資銀行やコンサルティングファーム出身者はそれぞれの分野で培ったスキルをフックにして一点突破でＰＥファンドに進むことができますが、一方で、総合商社出身者の場合、選考を一点突破できるほどのハードスキルはその時点ではないかもしれません。ただし、ＰＥファンドの仕事に通じる経験を幅広くしていることや、投資銀行やコンサルティングファーム出身者にはない事業運営など独自の経験を持っていることがあります。

したがって、ＰＥファンドがプロフェッショナルファーム出身者ばかりで構成されている場合、その人たちだけでは不足する部分を補うようなポジションを総合商社出身者（および同様の経験がある他の職種の人々）が得ることも考えられます。

ＰＥファンドへの転職が可能となる業務経験

未経験者がＰＥファンドへの転職を目指す際に有効となるキャリアパスを、主流ではないケースも含めて挙げてみます。

① 投資銀行やＦＡＳでのＭ＆Ａアドバイザリー経験者 ⇩ ＰＥファンド

募集要件の6～7割ほどがこのルートをたどっています。

②経営コンサルティングファームでのコンサルティング経験者⇩PEファンド

経営戦略、業務改革、組織変革などのコンサルティング経験者です。2～3割ほどの人たちがこのルートです。

③総合商社での事業経験者＋MBA⇩PEファンド

近年増えてきているのが、総合商社での事業運営、事業投資、経営管理などの事業経験に加え、MBA取得という組み合わせです。残りの1割程度の人がこのルートとなります。ただし、以前はMBAなしでは書類選考を通過することが難しかったのですが、最近では商社で事業投資などPEファンドに通じる経験があれば、MBAなしでも面接に進む人が増えてきています。

④M&Aとコンサルティングのハイブリッド経験者⇩PEファンド

あまり数多くはありませんが、①のM&Aアドバイザリーと、②のコンサルティングという二つのハイブリッド経験を持つ人もいます。

⑤その他、公認会計士や弁護士、アナリストや官僚などの経験⇩PEファンド

レアケースにはなりますが、私たちアンテロープ社が人材エージェントとしてお手伝いした人々の中には、監査法人の公認会計士や弁護士（企業法務でM＆Aを経験）、株式アナリスト、キャリア官僚といった人たちがいます。金融とは違う分野の弁護士や官僚の人の場合、MBAを修了していることが多く見受けられます。グローバルトップクラスのMBAに進学し、PEファンドでインターンシップを経験して、採用に至るケースも見られます。

以上レアケースも含めてキャリアパスをご紹介しましたが、PEファンドへのキャリアに有効であるのは、基本的には①～③の経験ということになるでしょう。

2 選考で求められるスキルと経験

求められるハードスキルとソフトスキル

ここでは、ＰＥファンドに転職する際に求められるスキルをハード、ソフトの2種類に分けて整理しておきましょう。

ハードスキルとしてまず挙げられるのは、M&Aのエグゼキューション全般のスキルです。この中には、バリュエーション（企業価値評価）、財務モデル、ＬＢＯモデルなどのスキルも含まれており、どれも必須のスキルとして、選考で問われることが多い領域でもあります。次いで、財務、会計の知識、さらに、戦略立案や実行、経営改革、組織改革など、経営やビジネスに関するスキルがあります。

ソフトスキルとしては、戦略コンサルタントが持っているような戦略思考力（論点思考力や仮説思考力）や、人々を巻き込んで仕事を動かし成果を挙げるリーダーシップ、また、多様な人々とコミュニケーションを取りながら信頼関係の構築ができる対人能力、そしてプレッシャーに負けないだけの胆力も求められます。

さらに、PEファンドには、バリューアップ専門チームを抱えているところがあります。こうしたチームは、投資先企業に常駐して会社の改革を行うため、特に次のようなスキルが要求されることになります。

- 戦略ファームやハンズオン型コンサルティングファームにおける経営改革や組織変革の経験とスキル
- 複数の改革プロジェクトを動かすプロジェクトマネジメント能力
- 人を動かす能力（先述のソフトスキルがあることは前提として）

それでは、176ページに挙げたPEへの主要なキャリアパスである①〜③の3項目を取り上げながら、それぞれの経験者に期待されるスキルについて述べていきましょう。

「投資銀行やFASでのM&Aアドバイザリー経験者」への期待

ＰＥファンドの募集要件で6～7割を占めるこのバックグラウンドには、どのような期待がかかっているでしょうか。その業務のあらましをご紹介しつつ、考えていきましょう。

Ｍ＆Ａのエグゼキューションを担当する証券会社の投資銀行部門に、Ｍ＆Ａチームがあります。そこでは買収の対象企業選定からＭ＆Ａの交渉、クロージングまでのプロセスの中で、Ｍ＆Ａを成功させるためにクライアント企業を支援していきます。この役割を果たす専門家をファイナンシャル・アドバイザー（ＦＡ）と呼んでいます。

ＦＡが行う実務のプロセスは以下です（図表10）。

この流れをどこかで見たことがあるという人も多いでしょう。その通りで、これはＰＥファンドが投資を検討して実行していくところと基本的に同じプロセスです。

ＦＡの役割は、このプロセス全体を管理し、推進するプロジェクトリーダーです。そして、それぞれに高度な専門性が必要とされる各ステップの実務を支援していくのが、ＦＡの仕事です。

●図表 10　FA の実務プロセス

買収元であるクライアント企業は、買収先であるターゲット企業に対し、シビアな交渉をしなくてはなりません。M＆Aを提案して基本合意を取りつけることに始まり、案件が途中でブレイクすることを回避しつつ、双方にとって適切な条件で最終合意に至り、契約書を交わすまで交渉事が続きます。

ここでFAとしては、相手方からの情報収集やクライアントの意向伝達、あるいは相手の出方を読みながらクライアントが動くための交渉戦略を立案し、交渉を実行するための助言やサポートをしていきます。これがFAの一連の業務です。

投資銀行やFASは、買収する側、買収される側の事業会社双方それぞれにアドバイザーとして就くことになります。相手方のアドバイザーに対処しながら案件を進める他、アドバイザー同士が交渉するという場面も見られます。なお、クライアントは事業会社に限らず、PEファンドがクライアントというケースも多々あります。

一連のM＆A業務を進めるためのスキルや、買収価格を算定するためのバリュエーション、LBOファイナンスのモデル構築などのハードスキルは、そのままPEファンドに入社するための必須スキルとなります。実際に多くのPEファンドの選考で、LBOモデルのテストが実施されています。さらに、この分析を踏まえた上での銀行との交渉はM＆A

の成否に関わる重要な仕事であり、ＰＥファンドの現場でも同様に欠かすことができません。

また、Ｍ＆Ａ案件を検討していく中では、財務デューデリジェンスや事業デューデリジェンスなどを外部の専門ファームに依頼して取りまとめて実施します。

財務であれば会計事務所やＦＡＳのデューデリジェンス部門、事業であれば経営コンサルティングファーム、税務は税理士事務所、法務は法律事務所というように各分野の専門家に適切なタイミングで依頼し、上がってきた成果物をレビューし、さらに必要なことがあれば依頼してプロセスを進めます。こうした業務を遂行し、プロジェクトが滞りなく進んでいくよう取りまとめていくことになります。

この他にも、対象企業のアドバイザーとの交渉、契約書のドキュメンテーションを進めるスキルは、ＰＥファンドに転職したらどれも必要とされるものです。

私たちがお手伝いした、ＰＥファンドへの転職者本人に聞いたところ、「未経験で入社した初日、オリエンテーションでもやるのかなと思ったら、『これ、ちょっと財務分析しておいて』と言われてポンと資料を渡され、すぐに取りかかった」という話もありました。

Ｍ＆Ａアドバイザリーの経験者は、ＰＥファンドの業務のうち、少なくとも投資の検討と実行を行うM&Aのエグゼキューションにおいて、アソシエイトやアナリストなどジュニアの役割を果たすことができます。PEファンドの主な採用対象として、M&A経験者が一番に挙げられることも理解できるでしょう。PEファンドの職位構造については、第2章117ページの図表7をご参照ください。

PEファンドが人材を募集するタイミングは、新しいファンドレイズができ、お金が集まり、投資をしていかないといけない忙しい時期であることがほとんどです。そんなとき、M&Aのエグゼキューションができる人がいたら、誰もがすぐに手を借りたいと思うものです。

「経営コンサルティングファームでのコンサルティング経験者」への期待

PEファンドの募集要件の2~3割を占めるこのバックグラウンドには、どのような期待がかかっているでしょうか。その業務のあらましをご紹介しつつ、考えていきましょう。

数多くの経営コンサルティングファームがある中で、特にPEの転職につながるのが戦略ファームです。

具体的にはMBBと呼ばれる、世界トップクラスのマッキンゼー・アンド・カンパニー、ボストン コンサルティング グループ（BCG）、ベイン・アンド・カンパニーなどのトップファームをはじめ、日本国内でも有力なA・T・カーニーやローランド・ベルガーなどの外資系戦略ファームです。

そしてさらに、Strategy&（PwCコンサルティングの戦略コンサルティング部門）やアクセンチュアのストラテジー部門など外資系総合コンサルティングファームの戦略コンサル部門、また、国内系で有力な戦略ファームとしては経営共創基盤やドリームインキュベータなどが挙げられます。

他に最近では、PEファンドの投資先企業のバリューアップをハンズオン型で請け負っているコンサルティングファームの活躍も目立ちます。前章でも紹介しましたが、外資系ではアリックスパートナーズ、国内系ではフロンティア・マネジメントといったファームがあり、これらでの経験者もPEファンドの選考対象となっています。

コンサルティングファームの仕事について、アンテロープ社のホームページから引用します。

コンサルティングファームのコンサルタントは、明確な所属部署を持たず、プロジェクトごとに召集（アサイン）され、期間中はプロジェクトチームのメンバーとして働きます。一定の期間のプロジェクトが終了すると解散し、また次のプロジェクトにアサインされていきます。これは一般の事業会社にはない、コンサルティングファームに固有の働き方の一つです。

コンサルティングファームで働くコンサルタントは、経験年数や職責によって、4～5階層ほどに分かれます。呼び方や階層の数は各ファームによって異なりますが、オーソドックスな形は以下の通りです（ＰＥファンドとは一部の名称の解釈が違いますのでご注意ください）。

アソシエイト⬇コンサルタント⬇マネージャー（プロジェクトマネージャー）⬇プリンシパル（ディレクター）⬇パートナー

一つのプロジェクトに取り組む際は、各階層からメンバーが集まり、3～5人くらいのチームを構成します。ここでは、ＰＥの選考対象となることが多い3階層（アソシエイトからマネージャーまで）の仕事内容について述べていきます。

◎アソシエイト

プロジェクトの中で、アソシエイトは主に情報収集や調査、分析作業を担当します。階層が一つ上のコンサルタントに同行してクライアントへのインタビューを行ったり、調査を依頼された事項について公開情報をリサーチしてまとめたりします。ミーティングが実施されれば、議事録を速やかに作成して全体に共有するといった業務も行います。

◎コンサルタント

コンサルタントは、自分の判断でクライアントの課題に対する仮説の構築や検証作業を進めることになります。

プロジェクトを構成する一定の範囲（モジュール）を担当し、自分の担当モジュールで伝えるべきメッセージや仮説を考えていきます。その上で、どのような情報を収集すべきか、誰にインタビューすべきかといったプランを作成し、時にはジュニアコンサルタントに仕事を振り分けながら全体のワークフローに沿って作業を進め、担当モジュールの完成を目指します。

◎マネージャー（プロジェクトマネージャー）

マネージャーは、プロジェクトの実質的な現場責任者であり、各プロジェクトにおいてファームの顔となる存在です。

論点整理と仮説の立案、プロジェクトの進捗や内容・品質管理、クライアントとの交渉、プロジェクト予算の管理が主な役割です。具体的には、クライアントの抱える本質的課題を考え抜いた上で、答えを出すべき論点や最終的なメッセージを整理し、プロジェクトの組み立てを行います。そして、このフレームに沿って各メンバーへ役割・ジョブを割り振り、進捗を管理します。

また、プロジェクトの進捗に応じてクライアントの報告先である経営幹部との議論を進め、適宜スコープや成果物の見直しを行いながら、最終報告会まで責任を持ってプロジェクトをリードしていきます。

なお、1階層上のプリンシパル（ディレクター）はプロジェクトをリードする役割で、クライアントとのリレーション構築や、会社によってはセールスの役割を担うこともあります。さらに、パートナーは、プロジェクトの最終責任者として顧客に対するすべての責任を負う、幹部としての役割があります。

以上が経営コンサルティングファームの仕事の概要です。ＰＥファンドの選考では、これらの経験を通じて得られるどのようなスキルが求められているのでしょうか。これから見ていきましょう。

選考対象となるコンサルタントのスキル

経営コンサルティングファームでの経験を通じて得られるスキルには、課題を発見して打ち手を立案するスキル、プロジェクトマネジメントのスキル、ビジネスの知見、プロとして働くスキルなどがあります。そして、これらのスキルどれもがＰＥファンドで必要なものです。

また、人によっては、ＰＥファンドからの依頼によるＢＤＤ（ビジネス・デューデリジェンス）や投資後のＰＭＩ（Post Merger Integration）のプロジェクトを経験することもあります。これらはＰＥファンドに入社後に取り組む業務の一部ですので、これらの経験とスキルがあるということは選考において加点ポイントになるでしょう。

以上のようなコンサルタントのスキルは、投資検討時に行う事業や市場の分析、対象会社の課題の発見と施策の立案、バリューアップのためのプロジェクトのマネジメントなどを中心に、PEファンドの仕事の多くの場面で活かすことができます。

新たなスキルや知識を早期に習得できることも、コンサル経験者の強みです。LBOモデリングやバリュエーションなど、M&Aエグゼキューションで必要なスキルについて、PEファンド未経験者であっても3カ月程度でキャッチアップできると期待されており、ポテンシャル採用に結びつくことが多いのです。

この3カ月でキャッチアップできるというスピードはとても速いようです。以前、FASの会社のパートナーの方に聞いたことがあります。

「中途採用でM&Aのアドバイザリーの人を採用したとして、モデリングやバリュエーションは皆さんどれくらいでできるようになりますか?」
「うーん、半年あったら何とかいけるかな。コンサル出身者だったら3カ月というところですね」

という返答でした。やはりコンサルタント経験者は通常の倍のスピードで新たなスキルを習得できると見られているようです。キャッチアップのスピード感も、コンサルタントの一つの専門性といえるかもしれません。

「総合商社での事業経験者」への期待

ＰＥファンドの募集要件で最近注目を集めているこのキャリアパスには、どのような期待がかかっているでしょうか。その業務のあらましをご紹介しつつ、考えていきましょう。

総合商社からＰＥファンドへ転職する例は、これまでにも時々ありました。しかし、これは総合商社の職歴に加え、ＭＢＡ取得がセットされた人材が対象でした。

それが近年では、ＭＢＡがなくても、総合商社のみの経験でＰＥファンドに採用される事例が目立ってきています。そこで、ＰＥファンドに採用されるための総合商社の実務経験について解説していきましょう。

選考対象となるのは、総合商社のフロントとして事業投資を経験した人です。事業投資はいわゆる商社のメインビジネスとして、営業部門が担当しています。営業といっても、単にセールス活動をしているわけではなく、事業投資＋投資先企業の経営管理や経営支援、事業創造を行います。海外進出する場合は、海外の会社を買収したり、合弁会社を作って新規事業を立ち上げたりしながら、現地の市場でビジネスをつくっていきます。

このように総合商社は事業投資や事業創造によって、収益を上げることをダイナミックに行っています。総合商社の中でも、特に財閥系総合商社でこの傾向が高まっているように見受けられます。

また、総合商社出身者の中でも選考される職種が広がりつつあります。最近、商社で収益を拡大しているのがエネルギー分野で、エネルギー権益への投資や管理を経験している人も多いのですが、かつてはPEファンドへ応募してもほとんどが書類選考で落ちてしまい、選考対象になりませんでした。

しかし、同分野の経験者を選考対象とするPEファンドが2020年以降くらいから出てきています。直接的な業務経験は求めるものと異なるものの、ファイナンスの知見や分析スキル、ビジネスの経験やスキル、対人能力など、ベースとなるスキルやポテンシャルを評価されているようです。

投資からのリターンを狙うPEファンドと、事業から収益を上げることを目指す商社の目的は異なります。しかし、投資して投資先の経営管理や事業創造を行う点、必要に応じてハンズオンで経営支援する点など、実行している内容は類似しています。

商社の場合、投資銀行などと比較すると、投資検討や投資実行の機会は決して多くはありません。実際、入社1～2年目くらいの若手が経験できるのは、投資先企業の経営管理くらいかもしれません。

ただ、投資先企業への経営支援が必要なときなどは、人員を送り込んでハンズオンで経営改革に取り組むことがしばしばあります。20～30代前半の若手でも、投資先に常駐して改革に従事することも珍しくありません。常駐先が海外となり、日本人は自分一人というケースもあります。

商社の人たちは、自分たちが手がける事業全般や商品に対する深い理解を持っているため、新しい事業を創造し、プロジェクトを推進していくことができます。すなわち、「どのステークホルダーや顧客に対して、どのタイミングで、何をどう提案し、どうやって交渉を進めて契約し、収益化していくのか」というノウハウが確立しているのです。

こうした価値創造のビジネススキルや実行力が、PEファンドの選考においても大きく評価され、採用対象となっていると考えられます。以下、総合商社からPEファンドに転職した人々の経験業務の事例を紹介していきましょう。

◎海外事業立ち上げを担当したA氏

事業全体の戦略立案をはじめ、進出予定先での市場や競合の調査、事業計画の策定、現地の事業パートナーの選定や交渉を担当。M&A実務においては、バリュエーション、デューデリジェンス、契約までを経験し、パートナーとともにジョイントベンチャーを設立するところまで実施。その後、既存出資先の経営管理なども担当されました。

◎国内で買収を手がけたB氏

出資先の事業会社が他社を買収する事例で、株主の立場から、関連する事業分野のバリューアッププランの立案や、事業計画の策定、デューデリジェンスを担当。買収後は出資先企業に出向し、PMIの支援を担当。経理財務、システム、業務プロセスなどの統合プロジェクトを推進されました。

◎海外事業の管理を担当したC氏

北米、欧州、アジアの出資先3社の経営管理を担当。また、北米と欧州で1件ずつ、計2件のM&Aのエグゼキューションを経験。さらに、投資先企業の事業戦略立案や実行計画の策定なども実施されました。

以上、ＰＥファンドで働くための主なキャリアパスとして、投資銀行やＦＡＳでのＭ＆Ａアドバイザリー経験、経営コンサルティングファームでのコンサルティング経験、総合商社での事業経験について、それぞれの業務内容や期待されるスキルを解説しました。

ただし、キャリアパスには例外もあります。レアケースにはなりますが、私たちはＰＥファンドに次のような人材を採用していただいたこともあります。

- 弁護士（Ｍ＆Ａ関連の法務経験者やＭＢＡ修了者）
- 公認会計士（監査業務、デューデリジェンス業務経験者）
- キャリア官僚（ＭＢＡ修了者）
- 証券会社の株式アナリスト
- 投資銀行のカバレッジバンカー（Ｍ＆Ａや資金調達の提案経験者）
- 事業会社（自社のＭ＆Ａや経営企画等の経験者）

これらのうち、弁護士やキャリア官僚など、非金融職種の人は、ＭＢＡを修了するなどして、ファイナンスやビジネスの知見を身につけているケースがほとんどでした。こうした人材については、他の人々にはない独自の強みや入社後の成長余地などの期待を持って受け入れられているようです。

3

PEファンドの求人を見つけるには

国内の主なPEファンドは50社

PEファンドの求人を見つけるにはどうしたらいいでしょう。

国内で活動しているPEファンドのうち、ファンドサイズが100億円以上ある主要プレーヤーは50社ほどです。加えて、政府系投資ファンドなどが数社あります。

各社とも、募集する人数は少なく、多くの場合は1年で1〜2人、非常に積極採用するところでも年間5〜6人といったところです。PEファンドは全社員数で10人前後〜60人前後と小規模な組織であり、選考では厳選して少数の人々を採用するというのが実態です。

少数精鋭のPEファンド側の事情として、書類選考や面接に対応できる人員が非常に限られているため、毎日のように大量に応募が来たとしても、すべての人を迅速に検討することは難しいのです。したがって、人材募集するときは、広く一般に公開して募集をするのではなく、非公開のクローズドな形で人材を探す方法が主流です。

立ち上げたばかりのファンドでは社員の伝手《つて》を頼るリファラル採用をすることもありますが、多くの場合、PEファンドに強みを持つ人材エージェントに依頼します。後ほど詳しく述べますが、有力なPE専門人材エージェントを利用した方がファンド側にもメリットが多いのです。

なお、MBA在学中の人々を対象に、夏休みの間にインターンシップを受け入れて、そこから採用につなげているPEファンドもあります。海外では多い採用方法ですが、国内でも、複数の大手PEファンドがこのようなMBA採用を行っています。

プロ人材には独自の採用ルートがある

すでに述べたように、PEファンドが選考対象とする人材像は、投資銀行やコンサルティングファーム、総合商社経験者の一部などのプロ人材ばかりです。このようなプロ人材の募集はそれに適した独自のルートで採用活動が行われるため、一般の求人情報サイトや第二新卒採用などの募集を幅広く扱う大手の人材紹介会社などでは募集案件を探すこと自体が困難です。

したがって、ＰＥファンドへの転職を志す人は、ＰＥファンドを扱っているプロ人材専門のエージェントに登録して支援を受けることが定石となります。

ですから、転職先をＰＥファンドに絞っているのであれば、一般的な求人情報を扱う人材紹介会社や求人サイトに登録をして広く募集情報を集めようとすることにあまり意味はありません。それよりも、ＰＥファンドに詳しい専門性の高いエージェントを利用し、そこを通じて自分に合うファンドでの求人に応募していく方がいいでしょう。

投資銀行やコンサル、商社などのプロ人材は引く手あまたですから、ＰＥファンドとしては自社の採用条件をよく理解し、それに合致する候補者を紹介してくれる専門の人材エージェントを起用することが重要になります。ファンドが頼りにするのは「アソシエイトを探してほしい」「今回はポートフォリオチームでＶＰクラス」などと伝えて、すぐに動いてくれるエージェントです。大変多忙なファンドの人たちにとって、この段階で細かい説明を一からするような時間はないのです。

自分に合うPEファンドを知るためのエージェント選び

一口にPEファンドといっても、さまざまな規模やタイプが存在します。投資先のサイズに応じて、ラージキャップ、ミッドキャップ、スモールキャップなどと分かれますし、投資方針の違いやカルチャーの違いもあります。社員に裁量余地を持たせた自由度のあるマネジメントスタイルなのか、管理型のマネジメントスタイルなのか、ということや、外資か日系か、あるいは独立系なのか親会社が存在するか、といったことでも、ファンドのカルチャーはかなり違ってきます。

基本的にこうした情報は自分で調べて準備をすることが重要です。とはいえ、それらを調べようとしても手がかりがなかなか見つからないのも事実です。

例えば、公開されている投資方針はすぐに確認できても、それがどのような形で具体的な行動や実績に表れているのかという実態までは見えにくいものです。カルチャーについても、面接で会ったときの雰囲気だけでは明確にはとらえられませんし、メンバーそれぞれの考え方などは、人間関係を構築した上でパーソナルに聞いていかないとキャッチできないものです。

相談すべき人材エージェントは、ＰＥファンド各社の考え方やカルチャーのような部分までを含めて理解し、応募者である自分のことも理解してくれるような存在でなくてはなりません。そうしたエージェントに相談して初めて、自分に合うＰＥファンドはどんなところかということが実感できるのです。

エージェントとの面談を通じて、自らの考えを整理し、自分に合うファンドの情報を得て検討することで、そのＰＥファンドへの正しい理解を深めることができます。エージェントは自由に相談できる存在ですので、どのファンドに応募したらよいかを判断する上で必要なポイントを聞いていくといいでしょう。「面接ではどんな質問をしたらいい？」といったことも、エージェントは親身になってアドバイスしてくれるはずです。

そしてまたこうした理解は、自分のキャリア選択において必要というだけでなく、面接本番で「なぜ当社を選んだか」を問われたときの準備にもなるはずです。

人材エージェントの役割は、それぞれの転職希望者に合うＰＥファンドを見いだして、応募を仲介し、選考を突破するための支援を行うなど、内定を取って入社するまで伴走することです。だからこそ、信頼できて実績があるエージェントを見つけられると、転職を成功させる可能性が高まるでしょう。

ＰＥファンドへ転職する人材がジョブマーケットで認知されてきたこともあって、この数年でＰＥファンドの募集を手がけていると宣伝する人材エージェントがかなり増えました。ただし、国内で活動する主要なＰＥファンド全体を網羅的に扱い、かつ、採用実績があるエージェントは限られています。

　ＰＥファンドに人材を送り込んだ実績があって、繰り返し送り込むことのできるエージェントとなると、わずか数社に絞り込まれるのではないかと思います。こうした人材エージェントを見極めて利用することがＰＥファンドへの転職成功のキーとなるでしょう。

　ちなみに、アンテロープ社は２００２年の創業時より、国内でのＰＥファンド黎明期からその人材採用を手がけ、以来約20年でＰＥプロフェッショナルの採用実績は２００人を超えています。国内で活動する主要な50社以上のＰＥファンドの大半に採用実績があり、10人以上採用されている先も珍しくありません。

　アンテロープ社のようにＰＥファンド転職を強みとしている人材エージェントは、長年の実績によって「紹介される人には外れがない」という信用を得ています。こうしたエージェントに登録し利用することで、他の優秀な応募者の群れに埋もれることなくＰＥファンドから有力な候補者として注目されることになります。

4

PEファンドの選考内容

投資チームによる面接が4回以上行われる

PEファンドの選考は面接の回数が多く、4回以上実施されることが一般的です。ファンド側の面接担当者は、具体的に投資を行っている投資チームの人たちがほとんどです。また多くの場合、選考プロセスの途中でLBOモデルの試験が実施されます。

面接は基本的に1対1で行われることが多く、1回当たりの所要時間は1時間ほどです。面接の難易度は高く、例えば、面接担当者からの質問に対して応募者が答えても簡単に納得してもらえるわけではなく、候補者からの回答をさらに深く掘り下げる質問がなされることも多々あります。また、ある投資のテーマについて議論を交わすこともあります。

繰り返しになりますが、応募者は、M&Aの実務経験者や経営コンサルティング経験者など、PEファンドの仕事に必要な業務経験を持つ人が大半です。このように応募者に優秀な人が多いことも選考の特徴といえるでしょう。

ただ、そのような優秀で経歴上は採用要件を満たしている人たちのほとんどが、一次面接や二次面接といった選考の初期段階で不合格となってしまう厳しい現実があります。PE投資の仕事に必要な実務経験やスキルを満たし、コミュニケーション力も高く人柄もよいはずの人たちが、あっけなく不合格となってしまうのがPEファンドの選考なのです。

面接でよく聞かれる質問

PEファンドの面接では、いったいどのような質問をされるのでしょうか。実際に行われた面接事例をもとに質問内容を3種類にタイプ分けして、考察していきましょう。

◎タイプ1　「志望動機などの考え」を知るための質問

◎タイプ2　「実務経験」に関する質問
◎タイプ3　「ディスカッション」を通じて能力を測る質問

◎タイプ1　「志望動機などの考え」を知るための質問

▼なぜPEファンドを志望するのですか？

（応募者の回答に対して）

・それは今の仕事ではできないのですか？
・その理由ならコンサルティングファームや投資銀行でもよいのではないですか？
・そう考えるのは、なぜですか？

▼今年に入ってからPEファンドが手がけた投資案件で興味があるのはどれですか？

（回答に対して）

・それはどうしてですか？
・そのディールにはどんな意味がありますか？

・他にはありますか？

▼PEファンドの中でも、なぜ当社を志望するのですか？

▼当社をどのようなファンドであると理解していますか？

（回答に対して）

・同じようなタイプのファンドは他にどこがあると思いますか？

・異なるタイプのファンドはどこですか？

（回答に対して）

・それは違いますが、ちゃんと調べましたか？

・そのご希望なのに、○○ファンドは受けないのですか？　その理由は？

・当社の○○という方針に共感したということですが、それはどうしてですか？

▼当社が公表している投資先企業名を五つ述べてください

（回答に対して）

・その中で○○社への投資について説明してください

・この投資については、どう思いますか？

▼当社の投資先の中でバリューアップに関わるとしたらどの会社がよいですか？　また、関わりたくない会社はどれですか？　それぞれ理由とともに述べてください

◎タイプ2　「実務経験」に関する質問

▼これまでの経歴を説明してください

▼経歴書に記載している〇〇の案件の全体像を教えてください

（回答に対して）
・クライアントの課題は何だったのですか？
・それに対して、チームとしてはどのような施策を提案したのですか？
・そのプロジェクトの中でのご自身の役割は何でしたか？
・あなたはどう貢献したのですか？

▼あなたにとっての成功体験は何ですか？（最も成果を上げたと感じているもの）

（回答に対して）

・その成功要因はどんな点ですか？

・その中でのご自身の役割はどういうものでしたか？

▼今までの経験で最もつらかったことは何ですか？

▼これまでの失敗経験を教えてください

（回答に対して）

・それをどう解決したのですか？

・それを今、もっと上手に対応できたとしたらどのようにしますか？

・その経験は今どう役立っていますか？

▼現職で、社内からはどういう評価を受けていますか？

▼ＰＥファンドで業務を行っていくに当たり、自分にどのようなスキルが不足している

と思いますか？

▼現職で業務のクオリティを向上させるためにどのようなスキルを磨きましたか？

（回答に対して）

・そのスキルを高める際、どのような工夫をしましたか？

◎タイプ3　「ディスカッション」を通じて能力を測る質問

▼先日の報道で、A社が海外のB社の買収交渉を進めていると出ていましたが、その狙いは何だと思いますか？

▼（四季報や有価証券報告書など特定の会社情報を提示されて）その会社に投資すべきか否か、理由とともに述べてください

（回答に対して）

・投資するときに、まず何を見ますか？

・会社の強みはどこを見れば確認できますか？

・この点については、分析をしないのですか？
・棚卸資産をどう見ますか？
・ROAについてはどう思いますか？

▼あなたがC社に提案をするとしたら、何を提案しますか？

（回答に対して）
・それをどうやって提案しますか？
・それでオーナー社長は話を聞いてくれると思いますか？

（回答に対して）
・では、どうすればいいですか？
・それはなぜですか？

▼D社に対して事業部の切り離しを提案する場合、そのメリットは何ですか？

（回答に続けて）
・逆に、あなたがD社の取締役だとしたら、ファンドから提案を受けた社長を思いとどまらせるためのデメリットを三つ挙げてください

▼（ある投資案件の事例が示され、それをもとに以下の質問）

・この投資のInvestment Thesisは何ですか？
・バリュエーション、事業計画を検証するためにやるべきだったことは何ですか？
・BDDで確認するポイントは何ですか？
・この投資のリスクを思いつくだけ挙げてください
・そのリスクをどうやって回避できますか？
・投資後の100日プランはどういうものですか？
・モデルを組むとすると、トップラインはどう組むのですか？
・その場合、ボリュームはどうやって決めるのですか？

▼（ある投資案件の事例が示され、それをもとに以下の質問）

・マネジメントインタビューでは、誰に何を聞きますか？
・デューデリジェンスで重視すべきポイントは何ですか？
・前提とした投資ストラクチャー以外の選択肢についての検討の有無についてはいかがですか？
・どのようにしてコスト削減を図っていきますか？

・バリュエーションすると、どのくらいの水準ですか？

面接の流れを理解する

面接内容は、ＰＥファンドごとにさまざまなパターンがあるため、ここでは会社ごとの面接の一連の流れを理解できるよう、実際の面接内容にもとづいて再現していきます。

◎事例Ｉ　外資系ＰＥファンド　Ａ社の場合

応募者のキャリア観・ビジョンを問う（自己理解度）

応募者のキャリア観を問うことに力点を置いた面接です。何がモチベーションの源泉なのか、キャリアの節目ではどう考えたのか、志望理由は何か、長期的なキャリア・ビジョンなどを中心に聞いています。これらの質問に対応するためには内省して自己理解を深めておく必要があります。

・経歴について説明してください

・現在の業務について説明してください
・（投資銀行在籍者に対して）投資銀行での仕事は楽しいですか？
・これまで勤務した会社を選択した理由を教えてください
・PEファンドを志望する理由は何ですか？
・PEファンドの中でも弊社を志望する理由は何ですか？
・長期的には何を目指していますか？
・入社したらどんな投資がしたいですか？

◎事例2　外資系PEファンド　B社の場合

具体的なスキルや知識を問う（求められる独自のスキル）

スキルや知識を具体的に問う質問も頻繁になされます。PEファンドの仕事内容を調べて把握するとともに、それぞれの作業ではどのようなスキルや知識が必要なのか、理解しておきます。加えて、自分のスキルの棚卸をして、何ができて、何はできないのか把握しておきましょう。なお、未経験のことであっても、勉強していることを示す必要はあります。

・ＰＥファンドの志望理由を教えてください
・現在の業務内容を説明してください
・過去に経験した案件では、どのような会社のビジネス面をどのくらい見ましたか？
・あなたはＰＥファンド業務のどのような部分で価値が出せて、どのような部分が苦手ですか？
・投資対象の検討において、財務面はどのような部分を確認すればよいですか？
・借り入れが多い会社は、投資対象としてどう思いますか？　投資における検討においてどのような影響がありますか？
・会社のキャッシュフローはどのような要素に分解されますか？
・ファンドのＳＰＡ、ＬＢＯローン契約はどのような点に留意すべきですか？　その理由は何ですか？
・なぜ他の仕事ではなくて、ＰＥなのですか？
・長期的なキャリアゴールはどのようなものですか？
・あなたが仕事に求めるものは何ですか？
・あなたの原動力は何ですか？

◎事例3　外資系PEファンド　C社の場合

スキル面の強み・弱みを問う（失敗しないための対策）

強みと弱みを問われたとき、弱みをどう答えるのか悩みます。面接担当者が弱みを問う理由は、プロとしては自分の強みだけでなく、弱みを把握していなければならないからです。弱みを把握していれば、失敗しないように事前に対策を打てます。よって、面接でも弱みを答えるときには、失敗をしないための対策とセットにして答えます。

・自己紹介をお願いします
・PEファンドを志望する理由は何ですか？
・PEファンドしか考えていないのでしょうか？　他に志望している業界はありますか？
・PEファンドで何をやりたいのですか？
・どうして弊社を志望しているのですか？
・他のPEファンドと弊社の違いは何ですか？
・PEファンドへの転職では、何を重視して入社したい会社を選ぶのですか？
・あなたのスキル面の強みと弱みは何ですか？

・現在の仕事は何ですか？　どのようなロールを任せられているのですか？
・（投資銀行やコンサルの経験者に対して）経験した案件の成功事例はどんなものですか？　失敗事例はありますか？
・レジュメに記載された案件について、クライアント企業のバリューは何ですか？　このプロジェクトでは何がポイントでしたか？

◎事例4　外資系PEファンド　D社の場合

ケース面接で考え方を問う（事前の練習）

選考プロセスの中で1回は実施されるケース面接の例です。このような議論はPEファンドの面接ではよくありますので、興味ある会社をピックアップして同様の問いを考えて練習しておくことをお勧めします。面接担当者の立場からすれば、PEファンドの仕事に興味があれば普段から「この会社に投資したらどうかな？」と考えていて当然ともいえます。

・経歴を説明してください
・PEファンドを志望する理由は何ですか？　なぜ弊社なのですか？

・（某企業の概要資料が1枚提示される）この会社に投資したいですか？　理由は何ですか？　投資検討の際には何を見ますか？　このROAはどう考えますか？　棚卸資産をどう見ますか？　この会社の企業価値を高めるための施策は何ですか？　（以降、ディスカッション）

◎事例5　国内ミッドキャップ　E社の場合

パーソナリティを問う（過去の経験の振り返りと内省）

この面接の前半は志望動機などの考えやパーソナリティを問う質問ですので、しっかりと内省して自己理解を深めておくことが必要です。「自分の独自性」や「やっていて楽しいこと」は、例えば、職務経歴書を書くときに自分のキャリアを新卒時から振り返りながら、自分ならではの成果を出せたときや、ワクワクした局面を思い出して記録していくとよいでしょう。後半の知識を問う質問は、M&A経験者に向けたものです。過去の経験を振り返り、考えを整理しておくことが大切です。

・転職したい理由は何ですか？
・どうして今の仕事では駄目なのですか？

・ＰＥファンド以外に希望している業界はありますか？
・あなたの強みと弱みは何ですか？　（追加質問）他にはありませんか？
・仕事の軸は何ですか？
・職場の他の人々と比較して、あなたの独自性はどういうものですか？
・仕事をしているとき、何をやっているときが最も楽しいと感じますか？
・（M&Aについて聞きたいと前置きがあった上で）１００％子会社から配当を受けた場合の税務の取り扱いはどうなりますか？
・個人が同じように配当を受けた場合の税務の取り扱いはどうなりますか？
・子会社が自己株買いをした場合の税務の取り扱いはどうなりますか？
・ＳＰＡの内容で記載される項目は何ですか？
・ＳＨＡの内容で記載される項目は何ですか？
・法務デューデリジェンスで弁護士を活用する場合、どのようなポイントを依頼しますか？（……などいくつも問われる）
・最後に何か質問はありますか？

◎事例6　国内ミッドキャップ　F社の場合

自己理解とともに業界や仕事への理解を問う（議論するための準備）

志望動機だけでなく他のファンドとの違いまで問われており、自己理解とともに業界や仕事への理解も必要な面接事例です。また、ケース面接でなくても、このようにカジュアルな形で投資アイデアの議論をすることがあります。付け焼刃の対策では不十分ですので、PE投資について普段から興味を持って調べて考えておくことが必要です。

・どうしてPEファンドを志望しているのですか？
・その中でも弊社を志望する理由は何ですか？
・弊社と他のPEファンドとの違いは何だと思いますか？
・弊社と○○キャピタル・パートナーズ社との違いはどんな点だと思いますか？
・なぜ外資PEファンドでなくて弊社なのですか？
・入社後にどんな業務に携わると思っていますか？
・どのような会社に投資したいですか？　理由とともに教えてください
・もし私がその投資検討対象の会社のオーナーだとしたら、どのように口説きますか？
・他にはどんな会社に投資したいですか？（以降、投資アイデアをディスカッション）

モデル試験とは

モデル試験の形式は大きく二つあります。一つは、LBOモデルを作成する課題を1週間程度で完成させて面接までに提出し、その内容について面接の場でディスカッションを行う形式です。もう一つは、応募先に訪問し、最初の1～2時間でモデル作成を行い、その後に面接で30分程度の議論をする形式です。

以下に一般的なモデル試験の事例を掲載します。

◎事例Ⅰ　「A社のLBOモデルを作成せよ」

・会社情報、財務数値の情報、問題が面接日の数日前に送付される
・1週間程度で回答を作成し、面接でプレゼンおよびディスカッションを実施
・候補者に会社情報とモデル作成用のエクセルファイル、問題が送付される
・エクセルファイルには、LBOモデル、PL Assumption、PL・BS・CFの三表一括のシートなどがあり、それらへ入力して回答する形式
・その他、問題等が事前に送付されるのではなく、すべて面接当日に実施する形式もある。その場合は、応募先から貸与されたPCを使用して、2時間程度でモデルを作成

する。その後、30分程度面接担当者とディスカッションを行う

▼モデルについて（問題と指示の例）

・A社のLBOモデルを作成してください

・PL Assumption SheetにPLの将来値の前提条件を置いた上でベースケースを作成してください

・LBO Model SheetにLBOモデルを作成してください。ただし、FCFとレバレッジ水準の推移を中心に作成していただければ、BSの全項目を作成する必要はありません

・財務レバレッジの水準は任意で設定していただいて構いません。ただし、TLA（mandatory repaymentあり）、TLB（bulletでの返済）を設定してください

・また、TLB、TLAの順番で、余剰キャッシュフローから期限前返済をする構成にしてください。キャッシュスイープ率は任意で設定してください

◎事例2　「B社のLBOモデルと、投資メモを作成せよ」

・この投資メモを作成するケースでは、投資をすべきか否かの結論とともに、その理由、

検討すべきリスク、投資後のバリューアップ施策などを簡潔に記載することが求められる

▼モデルについて

・候補者に会社情報とモデル作成用のエクセルファイル、問題が送付される
・エクセルファイルには、LBOモデル、PL Assumption、PL・BS・CFの三表一括のシートなどがあり、それらへ入力して回答する形式（事例1と同様）
・1週間後に設定されている面接日の前日までに課題の回答を提出して、面接でプレゼンとディスカッションを行う

▼投資メモについて

・投資メモには、投資をすべきか否かについて、ワードファイル1枚程度で記載してください

5

面接の「不合格事例」から見えてくるもの

不合格の理由からベストの対策を考える

M&Aの経験があるからと手軽に応募した結果、足元をすくわれてあっさり落ちてしまった、そんなケースはままあります。特に最近はPEファンドの情報が広がり始めたこともあり、あまり詳しくない人材エージェントを通じて選考に臨んだり、知り合いから勧められて準備せずに応募して不合格になったりという話をお聞きすることがあります。

PEファンドの選考は、中途採用が行われているすべての業種の中で、最も厳選されたセレクティブなものです。しかもPEファンドの場合、書類選考をするのも面接をするのも人事ではなく投資チームのメンバー、場合によってはヘッドの方などです。こうしたプロフェッショナルの貴重な時間をいただくということですから、選考を突破するという面でも、礼儀を尽くすという面でも、当然ながらしっかりとした事前準備が必要となります。

志望者はこうしたPEファンドの人材採用についてよく研究した上で、選考では何が求められ、どんな選考が実施されるのか、また、応募するためにはどんな準備が必要か、ということをきちんと理解すべきです。このことを知らずに準備不足の丸腰で臨んだところで、面接突破は困難でしょう。

ここで過去の応募事例を振り返ってみることにしましょう。一次面接で不合格となった人たちの事例です。ここから多くのことを学び、ベストの対策を考えてみてください。

◎事例Ⅰ　外資系投資銀行（M&A経験3年）

この人の不合格の理由は「バンカーとしては優秀だが、投資先企業の人たちから信頼されそうにない」でした。

これはPEファンドの仕事に対する理解不足ということに尽きるでしょう。投資後、対象企業に対して何に取り組むのか、そのために経営陣や社員の方にどうやって納得してもらい、どのように協力するのかということに考えが及ばなかったようです。

「PEファンドが株主なのだから投資先企業の役職員はファンドのメンバーの指示に従って当然だ」と、上から目線の考え方が態度に出てしまっていたという面接官のコメントもありました。

面接での言動にはくれぐれも気をつけたいところです。このケースでもPEファンドの仕事への理解の解像度が高ければ、そのような居丈高な考え方をして、それが態度に出ることはなかったはずです。

◎事例2　外資系投資銀行（M&A経験5年）

この人の不合格の理由は「志望度が高くないのか、弊社への理解が見られず、やりたい投資のテーマを質問しても回答できなかった」でした。

PEファンドでの投資に興味があるなら、どんなところに投資したら面白いか、どんな投資をしてみたいか、といったことを普段から考えているはずです。しかし、面接担当者が「どんな投資テーマでやりたいのか」と質問しても、満足な答えが返ってこなかったということです。

世の中の会社を「自分だったらどこへ投資したら面白いか。すなわち、どの会社に投資したら、リターンを上げられるか、事業再生できるか、業界再編につながるか」などの視点で見ておくことは大切なことでしょう。M&Aの事例に対して、普段から自分の考えをまとめておくことも、結果的に選考準備につながっていくはずです。

◎事例3　外資系投資銀行（M&Aを含む投資銀行業務経験2年）

この人の不合格理由は「PEファンドへの志望が固まっておらず、志望動機があいまいである。PEプロフェッショナルに必要な財務分析、事業分析といったハードスキルが不十分」というものでした。

PEファンドへの応募者として、自分の実務経験が不足していることはわかっていたはずです。けれども就活の勝ち組だったという過去の成功体験を過信し、また外資系投資銀行の転職者は引く手あまたという噂話を真に受けてしまい、それがPEファンドにも当てはまると思い込んで事前準備を怠ったのが敗因でした。

面接では想像していた以上の鋭い質問に面食らってしまい、レジュメに記載していたはずの、1年半前に経験したM&A案件の質問にさえ答えられなかったということです。

◎事例4　FASのM&Aアドバイザリー部門（M&A経験4年）

この人の不合格の理由は「LBOモデル試験で採用基準に達せず」でした。FASといえば〝LBOモデリングの専門家〟といったイメージもあるほどですが、応募するPEファンドの選考でLBOモデルの試験が実施されることを知りませんでした。M&Aの経験はあったものの、LBOで資金調達するような案件を手がけた経験はなく、対策もしていなかったため、基礎的なLBOモデルの試験にも対応できなかったのです。

気をつけたいのは、基礎的な知識の習得を怠らないということです。投資銀行や証券会社の人なども業務でLBOを実施しますが、日常の業務では効率的に作業を行うためにテンプレートを使って分析することが多いと聞きます。このため「一から作って」といわれると、「そういえば作ったことがない」と足元をすくわれることにもなります。

◎事例5　戦略ファーム（コンサルティング経験2年）

この人の不合格の理由は「ファイナンスの知見が弱い点は仕方ないものの、ケース面接をしても、それを上回る事業分析力やその他の強みが見えなかった」でした。

ケース面接とは課題を見いだし、それを解決するための仮説を組み立てて問題解決する力を測る面接で、戦略ファームの選考でも実施されます。例えば、A社の基礎情報（例：四季報のコピー）を参考情報として与えられ、「A社に投資すべきか？」という問題が提示されて、自分の考えを述べて面接担当者と議論するものです。

この人はコンサル経験がもう少し必要だったにもかかわらず、年齢が30歳を超えていたため、これ以上時間をかけると不利になると焦って応募してしまいました。こうした事態を避けるため、現職で自分が身につけたいと考えるスキルや能力を十分に習得した上で納得感を持って転職活動を開始することをお勧めします。

◎事例6　総合商社（商社経験5年）

この人の不合格の理由は「スキル面で秀でた強みが見えず、他の候補者と比較して劣後した」でした。総合商社経験者は行動力があってコミュニケーション能力も高い人が多いためか、「とりあえず話せば何とかなる」と考える人がいます。アピールできる実務経験があるにもかかわらず、この人はその経験を問われたときに具体的に説明することができませんでした。事前に自分のキャリアを十分に振り返らないまま面接に挑んでしまった典型的なパターンで、やはり準備不足といわざるを得ません。

この人の実務経験は、出資先に一人で乗り込み、その人たちを巻き込んで事業を進めていたというもので、それはのちに別のＰＥファンドに応募した際に評価されるのですが、このときの面接ではその話もできなかったようです。

◎事例7　PEファンド（投資経験3年）

この人はPEファンドでの投資経験がある優秀な人でしたが、やはり不合格でした。理由は「PEからPEへと転職したい理由に熟考した痕跡が見えない」というもので、「現職でうまくいかず、逃げ出したいだけなのでは？」と受け止められてしまったのです。

この人の志望理由は「投資後のモニタリングやバリューアップの比重が大きい現職の業務よりも、投資検討をやりたい」でした。これに対して、ファンド側からは「モニタリングやバリューアップもPEファンドの重要な仕事。早く見切るのはいかがなものか」といった反応でした。

コンサルティングファームや投資銀行などと比べると、PEファンドの仕事は転職を繰り返すことを歓迎されません。投資家に対する責任から、自社や運用ファンドに深くコミットできる候補者を厳選採用する姿勢だからです。希望が叶わず簡単に辞める人だと認識されたら、PEファンドで採用されることはまずないといっていいでしょう。

以上、PEファンドの一次面接での不合格事例を挙げてみました。

準備と対策を怠らない

ＰＥファンドでは、スキルや能力、経歴が採用基準に達していたからといって、必ず採用されるわけではありません。応募者の大半が経験やスキル面では一定の基準をクリアしているというハイレベルな選考であるため、自分と似た経歴や能力を持つ他の優秀な応募者から抜きん出るように、自分の能力を差別化してアピールする必要があります。当然ながら、考えの浅い候補者から先に振り落とされていくことになります。

こうして見てみると、ほとんどの応募者が優秀で、なおかつ応募の要件を満たしていながら、採用されるための準備を怠っていたことがわかります。このため、自らの考えを問われても十分に答えられず、極めて初歩的な理由で不合格になっているのです。ファンドの選考がどんな内容であり、どんなレベルで求められているかを把握し、その準備と対策ができていれば、一次面接で落とされることはなかったはずです。

ここでご紹介した7つの不合格事例の人たちは、その後に反省して事前準備を行って応募し、7人中3人が他のＰＥファンドで採用されています。他社への応募前にしっかりと自己分析し、ＰＥファンドの仕事や応募予定先の会社への理解を深めた結果といえるでしょう。

ですからＰＥファンドへの転職を希望する人は、転職を検討した初期段階でＰＥファンド業界に精通した人材エージェントに相談することをお勧めします。信頼できる専門の人材エージェントと人間関係を構築し、二人三脚で自身のキャリアプランを描き、準備と対策のアドバイスを受けることによって、希望するキャリアを手に入れる可能性は飛躍的に高まるでしょう。

6 PEファンドへの転職事例

PEファンドを目指してきたさまざまな人たちは、それまでにどんなキャリアを経て転職を成功させたのでしょうか。ここでは投資銀行出身者（経験者）、コンサルティングファーム出身者、FAS出身者、総合商社出身者、PEファンド出身者、そして、その他のレアケースの六つに分けて、それぞれの経歴や年収のビフォーアフターを掲載していきます。

年収はベースと賞与のみ記載していますが、これに加え、エグジット後のリターンに基づくキャリー（キャリードインタレスト）が付与される可能性があります。ただし、転職時にこの数字が提示されることは基本的にはありませんので、この金額の記載は省略します。

外資系&日系・投資銀行出身者

◎事例1　国内大手証券会社・M&A部門で5年強→外資系PE（30歳）

・経歴：国立大学卒→国内大手証券会社・M&Aアドバイザリー部門にて3年間→海外拠点に派遣（2年間）→帰国、M&Aアドバイザリー部門にて半年→外資系PEアソシエイト

・年収：国内大手証券アソシエイト900万円→ベース1100万円＋賞与500万円＋キャリー

＊入社後2年で約2600万円（ベース1600万円＋賞与約1000万円）に昇給

◎事例2　日系と外資系の投資銀行で計6年→国内系PE（29歳）

・経歴：私立大学卒→国内証券・投資銀行部門でカバレッジバンカー2年→外資系投資銀行・投資銀行部門でM&A、ファイナンス、そしてカバレッジなどの業務を4年→国内系PEシニア・アソシエイト

・年収：外資系投資銀行アソシエイト3000万円（ベース2000万円＋賞与1000万円）→ベース1200万円＋賞与600万円＋キャリー

＊入社4年でVPに昇進し、3000万円（ベース1500万円＋賞与1500万円）に昇給

◎事例3　外資系投資銀行で3年→外資系PE（26歳）

・経歴：国立大学卒→外資系投資銀行でM&Aを含め3年間経験→外資系PEアソシエイト

・年収：外資系投資銀行アナリスト1700万円（ベース1100万円＋賞与600万円）→ベース1100万円＋賞与1000万円＋キャリー

＊入社2年でシニア・アソシエイトに昇進し、3000万円（ベース1500万円＋賞与1500万円）に昇給

コンサルティングファーム出身者

◎事例1　事業会社を経て外資系戦略ファーム4年→外資系PE（28歳）

・経歴：国立大学卒→国内大手企業2年→外資系戦略ファーム4年→外資系PEアソシ

エイト

・年収：1550万円（ベース1300万円＋賞与250万円）→ベース1600万円＋賞与1800万円＋キャリー

◎事例2　外資系戦略ファーム3年強→外資系PE（26歳）

・経歴：国立大学卒→外資系戦略ファームでBDD含む戦略コンサル案件を3年強経験→外資系PEアソシエイト

・年収：約900万円（ベース750万円＋賞与150万円）→ベース1000万円＋賞与500万円＋キャリー

◎事例3　監査法人3年→外資系戦略ファーム2年半→国内系PE（31歳）

・経歴：国立大学卒→監査法人で会計士として監査業務3年→外資系戦略ファームでさまざまな業種のコンサルティングを2年半→国内系PEアソシエイト

・年収：1100万円（ベース900万円＋賞与200万円）→ベース1200万円＋賞与400万円＋キャリー

ＦＡＳ出身者

◎事例１　メガバンク法人営業２年→ＢＩＧ４系ＦＡＳのＦＡ部門４年→国内系ＰＥ（29歳）

・経歴：私立大学卒→メガバンクの支店で法人向け融資営業２年→ＢＩＧ４系ＦＡＳのＭ＆ＡのＦＡ部門で多様な業種のＭ＆Ａを４年間経験→国内系ＰＥアソシエイト

・年収：９５０万円→年俸１１００万円＋キャリー

◎事例２　ＢＩＧ４系ＦＡＳでＭ＆Ａ関連の多様な案件を４年→国内系ＰＥ（27歳）

・経歴：国立大学卒→ＢＩＧ４系ＦＡＳで２年間ＦＡ、バリュエーション、Ｍ＆Ａ戦略・ＢＤＤなどの経験後、Ｍ＆ＡのＦＡ部門で２年ほど経験→国内系ＰＥアソシエイト

・年収：１１００万円（ベース８５０万円＋賞与２５０万円）→ベース１０００万円＋賞与３００万円

◎事例３　監査法人３年→ＢＩＧ４系ＦＡＳ（Ｍ＆Ａのデューデリジェンス）２年→国内系ＰＥ（28歳）

・経歴：国立大学卒→監査法人で監査業務3年→BIG4系FASでM&Aのデューデリジェンスを2年→国内系PEアソシエイト
・年収：800万円→年俸1000万円

総合商社出身者

◎事例1　総合商社3年→国内系PE（26歳）

・経歴：国立大学卒→総合商社でM&Aや出資先企業管理などを3年間経験→国内系PEアソシエイト
・年収：1200万円→ベース1000万円＋賞与200万円＋キャリー

◎事例2　総合商社6年→MBA（私費）→国内系PE（30歳）

・経歴：私立大学卒→総合商社にて事業部内での経理、経営企画、海外駐在（海外子会社の経営管理）、M&Aなどを6年間経験→MBA→国内系PEアソシエイト
・年収：1000万円→年俸1000万円＋キャリー

ＰＥファンド出身者（経験者）

◎事例１　外資系投資銀行３年→国内系大手ＰＥ４年→新興系ＰＥ（30歳）

・経歴：国立大学卒→外資系投資銀行でＭ＆Ａなど投資銀行業務を３年経験→国内系大手ＰＥで４年経験→伸び盛りの新興系ＰＥアソシエイト

・年収：ベース９００万円＋賞与３００万円→ベース１１００万円＋賞与５００万円

◎事例２　外資系投資銀行３年→国内系ＰＥ６年→外資系ＰＥ（33歳）

・経歴：私立大学卒→外資系投資銀行でＭ＆Ａ含め３年経験→国内系ＰＥで６年→外資系ＰＥシニア・アソシエイト

・年収：ベース１５００万円＋賞与５００万円→ベース１６００万円＋賞与１０００万円＋キャリー

その他のケース

◎事例1　弁護士（大手法律事務所）7年→MBA→国内系PE（32歳）

・経歴：私立大学卒→大手法律事務所で企業法務、M&A法務を7年ほど経験→MBA→国内系PEシニア・アソシエイト

・年収：2000万円→1800万円（ベース1300万円＋賞与500万円）

＊3年後にVPに昇格し、2500万円（ベース1800万円＋賞与700万円）＋キャリー

◎事例2　国内証券（投資銀行部門カバレッジ）5年→国内系PE（28歳）

・経歴：国立大学卒→国内大手証券の投資銀行部門のカバレッジバンカーとして大企業に対してM&Aや資金調達の営業5年→国内系PEアソシエイト

・年収：1300万円→1300万円（ベース1100万円＋賞与200万円）

◎事例3　大手テクノロジー企業4年→国内系PE（27歳）

・経歴：私立大学卒→先端的なITプロダクトを提供する大手テクノロジー企業で事業

企画（戦略立案や社内の業務改革推進など）や財務（財務やM&Aなど）を計4年経験
→国内系PEアソシエイト
・年収：1300万円→年俸1100万円

◎事例4　大手事業会社10年→MBA→国内系PE（33歳）

・経歴：国立大学卒→大手事業会社で営業や経営企画、子会社での事業推進などに10年間従事→MBA→国内系PEアソシエイト
・年収：950万円→ベース1100万円＋賞与500万円＋キャリー

7

CxO人材という別ルート

ここまでご紹介してきたPEプロフェッショナルの人材募集とは別に、PEファンドでは投資先企業のCxO人材（経営人材）を募集することがあります。CEO、COO、CFOなど、投資先企業の経営人材や、経営人材の直下で改革やバリューアップに取り組むプロフェッショナル人材などが挙げられます。

投資先企業が経営人材を自社で採用することは簡単ではないため、PEファンドが採用を支援します。PEプロフェッショナルは投資先企業のバリューアップのためにどういった経営人材が必要かを把握しているので、投資先企業に必要な人材要件を明確にした上で、最適な候補者を投資先企業の代わりに探すのです。

PEファンドは経営人材やプロフェッショナル人材とのネットワークがあり、また、これらの人材を扱う人材エージェントとも日常的なつきあいがあるため、これらのリソースを活用して人材をサーチします。

CxO人材に求められる人物像

◎経営人材クラス

・CxOレベル、または、それに近いレベルでの実務経験と実績
・経営課題の特定→施策立案→実行のマネジメントまでやり切れる力
・社員を牽引する対人能力
・投資先企業と同業界、あるいは、類似したビジネスモデルの事業経験

◎プロフェッショナル人材（次のいずれかの経験者）

・経営コンサルティングファームでのプロジェクトマネージャー以上の経験
・経営コンサルティングと事業会社での事業推進などのハイブリッドな経験
・投資銀行でのM&Aや資金調達の経験

・銀行などの金融機関＋事業会社での財務や経営企画経験（ＣＦＯ寄りの候補者）
※最近では、ＤＸ推進経験やデジタルマーケティングの経験者へのニーズも強い。スキル面は経営人材クラスと同様

経営人材クラス、プロフェッショナル人材の別を問わず、ＣｘＯ人材には実務経験やスキルばかりでなく、多様な役職員と同じ目線やフラットな立場で接することができる総合的な人間力も求められます。同時に、株主であるＰＥファンドのメンバーとも仕事ができるプロとしてのスキルやコミュニケーション力、思考力なども必要となってきます。

業界経験が必要とされる企業であれば、中堅以上の企業での役員経験者など、業界での豊富な経験が求められます。またそれとは逆に、業種は全く問わない代わり、とにかく経営経験が必須というところもあります。

業種は問わないケースでは、類似したビジネスモデルの事業経験を求められることもあります。例えば店舗型のビジネスの場合、業種（ドラッグストアや飲食店など）は問わないが多店舗展開ビジネスのマネジメント経験が必要、同じ業界での経営経験は問わないがファイナンスの専門性が必要、などといった条件が求められることがあります。

CxO人材の選考内容

CxO人材の選考プロセスは、PEファンドのメンバーと投資先企業の経営陣との2段階の選考によって行われることが多くなります。

一般的なプロセスとしては、対象となる投資先企業を担当するPEファンドの投資チームメンバーとの面接を2~3回実施し、その上で、投資先企業の経営陣など主要メンバーとの面接へと進みます。

PEファンドのメンバーとの面接では、投資チームのパートナー、ディレクターやVPなど中堅クラス、シニア・アソシエイトなどのジュニアと顔を合わせることになります。

経営人材の下で働くプロフェッショナル人材候補の場合は、ビヘイビア面接（経験や人物面などを確認する通常の面接）に加え、ビジネスの課題をディスカッションするケース面接なども実施されることがあります。ある企業の基礎情報が与えられ、その企業の課題を見いだして打ち手を提示するプレゼンテーションをした上で、面接担当者と議論をする形式の面接などがよく実施されています。

なお、投資先企業の人事・採用組織が確立し、自社でプロ人材の採用ができるようになれば、これらの採用プロセスはPEファンドから投資先企業へ移管されていくことになります。

CxO人材としての採用事例

◎事例1　中堅アパレル企業→PE投資先アパレル企業の社長（42歳）

・経歴：私立大学卒→中堅アパレル企業で15年（営業、MDを経て経営企画、執行役員）→アパレル企業3年（取締役として経営改革に取り組む）→PE投資先のアパレル企業の社長

・年収：2000万円→2200万円

◎事例2　事業会社→小売りチェーンCFO（50歳）

・経歴：私立大学卒→事業会社4年→コンサル6年→小売業5年（経営企画スタッフとして経営改革など）→小売りチェーン12年（事業推進：地方出店の店舗開発や運営、事業推進、経営計画立案と管理など）→小売りチェーンCFO

・年収：1500万円→1600万円＋ストックオプション

◎事例3　製造業→CFOや経営企画担当の取締役（40歳）

・経歴：私立大学卒→製造業（財務、経営企画、海外経営管理、海外現地法人ヘッドなど）8年→インフラ企業（管理本部長として経営管理体制構築、資金調達、IPO準備など）5年→PE投資先の中堅製造業CFO。エグジットまで貢献

・年収：1300万円→1400万円＋ストックオプション

＊その後はプロ経営者としてCFOや経営企画担当の取締役などを歴任（年収4000万～5000万円）。

◎事例4　事業会社→PE投資先企業CSO（45歳）

・経歴：国立大学卒→製造業（営業や経理）5年→外資戦略ファーム6年→インターネット系事業会社（事業部長など）8年→PE投資先企業（経営企画部長、執行役員）3年の他、PE投資先企業CSO（Chief Strategy Officer）

・年収：2000万円＋ストックオプション→2400万円＋賞与（500万円以上）＋ストックオプション

第5章

PEファンドに入社後、どんなキャリアが待っているか

1

真のプロフェッショナルとして

複数の専門スキルで社会貢献を果たす

これまで述べてきたように、ＰＥプロフェッショナルは案件のソーシングに始まり、投資妥当性評価、現在のステークホルダー（投資先企業の株主や経営陣）との交渉、投資実行、クロージング、１００日プランの起草と実行、マネジメントや主要人材のサーチ、ガバナンス強化や経営力アップを実行します。

その上で、売却先ソーシング（もしくはＩＰＯ準備）、そして、エグジットといった一連のプロセスを複数回経験しながら、真のプロフェッショナルへと成長していくのです。

投資家としての立場に加え、マネジメントの実績を積んでいるため、ＰＥプロフェッショナルは究極のキャリアである一方で、将来のキャリアとしても、非常に豊富な選択肢が用意されているのです。

事業投資のスキルは、投資銀行のM&Aバンカーが習得しているレベルのもので、そのマネジメントスキルは、戦略ファームのコンサルタント、もしくは事業経営経験者が身につけているレベルのものです。つまり、PEプロフェッショナルはM&Aバンカーやコンサルタントといったアドバイザーの立場を超えた資本家、当事者として、この専門的かつ高度な双方のスキルを有しているということになります。

このように多様なスキルを持った人材であることを前提として、PEプロフェッショナルの責任・社会貢献について述べていきます。

PEプロフェッショナルは投資家から資金を預かって運用するという業務の性質上、投資家に対する責任および投資先の経営陣や社員に対する責任には大きいものがあります。そしてまた、投資先の企業価値を改善させて経済的な効果をもたらすことによって、社会的な貢献もしています。

これまで何度か取り上げましたが、企業再生支援機構による日本航空（JAL）の再生は、まさにその典型的な事例といえます。JALが再生するかしないか、それによって日本経済も大きく変わり、約3万人の社員とその家族の生活にも大きな影響を及ぼしたものと思われます。社会的責任の重さは尋常ではありません。

アセットマネジメントやヘッジファンドも若手ビジネスパーソンに人気の高い職種であり、PEファンドと同じ投資ビジネスではありますが、基本的な違いとしては、それらは上場している株式や流通している債券を売買する仕事ということです。

出資する投資家への責任や影響力も大変に重いものであり、投資対象となる企業にはガバナンス改善の要求はしますが、その一方で企業の経営陣、社員に対しては基本的に何の責任も持っておらず、影響力も与えていません。

株価や債券価格の変動性にフォーカスする仕事であるため、資産を増やした投資家に喜ばれ、信頼されることはあっても、投資先の企業がどうなるかについてはほとんど関係がありません。この点で、PEプロフェッショナルとはかなり立場が異なることがわかります。

使命感に燃えた仕事

私たちアンテロープ社の登録者のうち、投資ビジネスの世界に転職したいという人は大きく二つのタイプに分かれるようです。

自身の数値分析能力を活かして経済的な見返りを求めている人はヘッジファンドやアセットマネジメントに進み、現場の生身の人間に対峙して企業をよくしたいという使命感を持った人は、ＰＥファンドを目指すという傾向にあります。

ＰＥファンドの仕事というのは、見方によっては「泥臭い」印象があります。特に、投資先企業の社員とも現場で対話、時には一緒に酒を飲み、信頼関係を醸成しながらバリューアップをしていくため、非常に手間がかかります。また、場合によっては投資先の社員から責め立てられる可能性もあり、リストラをすれば恨みを買うことさえあります。

しかし、そうした苦労をいとわず、泥臭いところまで踏み込んで投資先企業を成長させていく、さらには経済的な効果も上げていこうという使命感を持った人たちによって成り立っている仕事ではないかと感じています。

経済的な見返りについて、ＰＥファンドの場合では、投資先企業は創業からある程度時間が経っており、企業規模も比較的大きく、ＥＶ（企業価値：Enterprise Value）としても、数十億円から数百億円、場合によっては数千億円という企業のマジョリティを取得するような投資をしていくため、リターンがあった場合、キャピタルゲインも巨額になる可能性があります。

特にラージキャップ、ＪＡＬの場合でいうと、３５００億円の資本注入に対して６６３２億円になって再上場していますので、キャピタルゲインとしては３１００億円。もし、民間のファンドであれば、数億〜数十億円のリターンが各ファンドのプロフェッショナルに配分されていたとしてもおかしくはありません。

2 PEファンド経験者のネクストキャリア

前節で示したようにPEファンドのプロフェッショナルとして一定の経験を積み、実績を残すことができれば、その後の転身においてさまざまな選択肢が待っています。

投資からエグジットまでの経験を何度も重ねてきたことによって、ハード・ソフトのスキルつまり投資スキルはもちろん、リーダーシップやマーケティング、セールス、ファイナンス（会計・財務）、人事全般、新規事業立ち上げ、あるいは技術開発などの複合したマネジメントスキルを身につけているため、転職先に困ることはないばかりか、多くの組織で活躍の場が待っています。

ファンド内での昇進か、他ファンドに転職か

◎タイトルを上げるための転身

PEプロフェッショナル自体がすでに最高峰のキャリアであるため、金融関連業界においてこれ以上のキャリアプランを描くのは難しいものがあります。多くの人は、所属するPEファンド内で幹部クラスのパートナーまで昇進するか、他のファンドに転職していきます。

他のファンドに転職するケースをいうなら、例えばファンドの規模に対して上位層のパートナーが多すぎて、創業者以外にパートナーに昇格した人もいないような場合は、しばらくパートナーになれそうもないという現実が見えてきます。

そこで、自分もファンドの中で昇進したいという意向から、他のファンドに転職していく場合があります。他ファンドへの転職によってアソシエイトからVPに昇進できる、VPからディレクターに昇進できる、という条件が整えば、ファンドから別のファンドへの転職はごく当たり前に行われることになるのです。

◎外資系から日系、日系から外資系へ転身

日系ファンドから外資系ファンドへの転職の他、外資系から日系への転身もあります。

日系から外資系に行く場合、最も多い理由は投資サイズを上げるというもので、それに伴って年収もアップする事例も多いようです。

外資系から日系への転職は、サイズを少し下げて、自分の裁量で仕事に臨みたいとか、中堅・中小企業に対してハンズオンで対応したいという理由が主となります。

また、ややネガティブかもしれませんが、ハードワーク続きで少しプライベートな時間が欲しいという理由から、外資系を辞めて日系に転職する方も少数ながらいるようです。

◎投資サイズの違うファンドへの転身

前述した通り、ミッド・スモールキャップからラージキャップに行く場合と、逆にラージキャップからミッド・スモールキャップに行くような場合です。

◎ポリシーの違うファンドへの転身

現在、日本で活動している外資系ファンドには2社ほどミッドキャップがありますが、米国資本のファンドのほとんどはラージキャップになります。そうすると、投資額が基本

的に数千億円単位となり、ハンズオンというよりは経営者を外部から招聘してモニタリングするパターンが多くなります。ハンズオン志向の人にとっては少しサイズを下げたほうが志向性に合うということで、日系のファンドを選択しています。反対にハンズオンからハンズオフへの転職もあります。

◎文化の違うファンドへの転身

日本では、銀行系や商社系などの系列ファンドが多く存在します。こうしたファンドには、経営トップとして銀行や商社本体の人が出向してくることがあります。場合によっては、ファンドのことも投資ビジネスのことも素人に近い状態で、マネジメントに就任しています。

この場合、系列ファンドは親会社の文化、仕事のやり方が踏襲される可能性が高く、またプロモーションも部長職止まりというファンドもあるため、そういったガラスの天井のない、また裁量権の多い独立系に転身される方もいます。

業態の違うファンドへの転身

レアケースではありますが、第2章で解説したPEファンド以外の投資ファンドに転身する例もあります。

ベンチャーキャピタル、ヘッジファンド、エンゲージメントファンドには少数ですが転身されています。ただし、不動産ファンドに転身された事例はないようです。

独立、新規ファンド立ち上げ

PEファンドの業界には、元来独立心の強い人材が集まっています。大企業で働こうというよりは、小さい会社でも、自分のスキルを磨き上げて身一つでやっていこうという志向が強く、ある程度の経験を積んだ後に、独立の道を選ぶ人も多くいます。

独立とは、すなわち自分で自身のポリシーに合ったファンドを新規に立ち上げるということです。多くの場合、100億から300億円程度のファンドサイズで立ち上げています。

以下、海外と日本における独立、新規ファンド立ち上げの事例を紹介します。

◎独立、新規ファンド立ち上げ事例【海外】

MBKパートナーズ

2005年に米国の投資ファンド「カーライル・グループ」出身のマイケル・キム氏、同元中国代表のケー・シー・クン氏、同元日本代表の静永賢介氏らによって設立されたアジア専門独立系プライベートエクイティファーム。主なポートフォリオに弥生、ユニバーサル・スタジオ・ジャパン、コメダ珈琲店（現コメダホールディングス）、ゴディバ ジャパンなど。

ブラックロック（アセットマネジメント会社）

1988年、ローレンス・フィンク氏らによって、ブラックストーン・グループ債券運用部門からブラックストーン・フィナンシャル・マネジメントとして独立。2021年末における同社の運用資産残高（AUM）は10兆ドル（約1153兆円）と、日本のGDPの約2倍。

◎独立、新規ファンド立ち上げ事例【日本】

インテグラル

2007年、元ユニゾン・キャピタル代表でGCA創業者でもある佐山展生氏と、同じくユニゾン・キャピタル出身でGCA創業者の山本礼二郎氏らを中心に、独立系プライベート・エクイティ・ファンドとして設立。2023年9月、東証グロース市場に上場。主なポートフォリオに、スカイマーク、イトキン、キタムラ・ホールディングスなど。

アスパラントグループ

2012年、モルガン・スタンレー、シティバンク、リップルウッド・ホールディングス、産業再生機構、日興プリンシパル・インベストメンツ、サン・キャピタル・パートナーズ・ジャパン、企業再生支援機構と、日系外資、官民の数々の金融機関で投資業務に携わってきた中村彰利氏により設立。主なポートフォリオに、日本海洋掘削、緑測器、ツナグ・マッチングサクセスなど。

雄渾キャピタル・パートナーズ

2014年、ヴァリアント・パートナーズ創業者の櫻井歩身氏と、日興プリンシパル・

インベストメンツ出身の阿部知樹氏が立ち上げた、ミッド・スモールキャップの独立系PE。主なポートフォリオに、湘南ゼミナール、東信鋼鉄、日本技術センターなど。

日本成長投資アライアンス

2016年、元ユニゾン・キャピタルの立野公一氏を中心に設立された、国内中堅・中小企業特化型の独立系投資ファンド。主なポートフォリオに、ポテトかいつか、キノファーマ、中部クリーンシステムなど。

日本企業成長投資

2017年、ベインキャピタルに所属していた山口聡一氏、秋里英寿氏が立ち上げたファンド。主なポートフォリオに、セラヴィリゾート泉郷、メディカルサポート、ネクサスケアなど。

DCapital

2021年、仁木準氏(元ゴールドマン・サックス マーチャント・バンキング部門共同ヘッド)、木畑宏一氏(医師、元ユニゾン・キャピタル、JDSC執行役員など)、梅津直人氏（元ユニゾン・キャピタルディレクター）によって設立された独立系ＰＥファンド。主なポートフォリオに、エフシースタンダードロジックス／中外海運倉庫、おやつカンパニー、日本教育協会など。

RBGパートナーズ

２０１８年、金子英正氏（住友銀行〈現三井住友銀行〉、エヌ・アイ・エフＳＭＢＣベンチャーズ、ＭＳＤ企業投資）、時田太郎氏（住友銀行〈現三井住友銀行〉、大和ＳＭＢＣベンチャーキャピタル〈現ＳＭＢＣベンチャーキャピタル〉）らが立ち上げた中堅中小企業やグロース企業に投資する独立系ＰＥファンド。

REVA

２０２１年、元住友商事で事業投資やバリューアップ（ライジング・ジャパン・エクイティでの勤務を含む）などで実績を上げた西中顕吾氏や元日本産業パートナーズの河合隆信氏などが設立したＰＥファンド。総合商社やＩＴ企業のリソースを駆使したＤＸ手法とハンズオン支援を組み合わせた事業投資が特徴。

Angel Bridge

2015年、ベインキャピタルおよびユニゾン・キャピタルにてPE投資を経験した河西佑太郎氏によって設立されたベンチャーキャピタル。シード／アーリー／シリーズAのステージを中心に、大学発ベンチャー、ディープテック、ITサービスなどのセクターで将来的に世の中を大きく変えるメガベンチャーとなる可能性があるスタートアップに投資をしている。

事業会社マネジメントへの転職

PEプロフェッショナルとして事業会社への投資とバリューアップの経験を積み、マネジメント力をつけることにより、当該事業会社のアドバイザーではなく、経営の当事者としてCxOに転身する例も多く見られます。以下は事業会社マネジメントへの転職事例です。

安達保氏（カーライル・グループ　シニアアドバイザー）

三菱商事、マッキンゼー・アンド・カンパニー（1995年、同社パートナー）を経て、ＧＥキャピタル・ジャパンに移籍。日本リースの買収などを担当後、日本リースオート（現日本ＧＥ）代表取締役社長に就任。２００３年にカーライル・グループに参画、日本代表に就任。同社の日本における事業拡大を主導。２０１６年10月からベネッセホールディングス代表取締役社長、２０２０年6月から同社代表取締役社長ＣＥＯ、２０２１年4月から２０２２年3月まで同社代表取締役会長ＣＥＯを務めた。

永見世央氏（ラクスル　CEO）

みずほ証券Ｍ＆Ａアドバイザリーグループにて M&A を経験。２００６年から２０１３年までカーライルにてＰＥ投資に従事する（その間、米国ペンシルバニア大学ウォートン校でＭＢＡを取得）。ディー・エヌ・エーを経て、２０１４年4月にラクスル入社、同年10月取締役ＣＦＯ就任。２０１８年5月東証マザーズ上場、２０１９年8月東証一部上場を実現。２０２３年8月より代表取締役社長ＣＥＯ。

西岡成浩氏（スカイマーク　代表取締役専務執行役員）

東京海上アセットマネジメント投信で株式のリサーチアナリストを経験後、モルガン・スタンレー（投資銀行部門）にて幅広い業界のＭ＆Ａアドバイザリーやファイナンスに約

9年間従事し、数多くの案件を手がける。インテグラルに入社し、スカイマークの経営再建に携わり、2015年9月取締役執行役員。同社に移籍。2019年11月代表取締役専務執行役員に就任し、2022年に同社の再上場を実現。

武藤貴史氏（丸の内キャピタル　マネージングディレクター）

東京三菱銀行（現三菱UFJ銀行）、BCGを経て、2007年よりアドバンテッジパートナーズで企業投資に従事し、コメダへの投資主担当者として買収およびバリューアップを推進。2011年、コメダに経営企画担当役員として転籍し、全国チェーン展開やM&Aをリード。その後、CFOおよび管理部門トップとしてIPOを進め、2016年に同社の東証一部上場を実現。2017年6月より丸の内キャピタルに参画。

藪内悠貴氏（enechain　CFO）

JPモルガン証券（投資銀行部門）、カーライル・グループを経て、2018年にPaidyに入社し取締役CFOとしてデット・エクイティ含む数百億円規模のバランスシートの構築などを主導し、2021年にPayPalグループへの参画を実現。2022年8月に日本最大のエネルギー卸取引マーケットプレイスを運営するenechainのCF

Oに就任。

五宝健治氏（WHILL　CFO）

パナソニックに9年在籍（その間、INSEADでMBA取得）。その後、ユニゾン・キャピタルを経て、2016年より近距離モビリティの企画・開発・販売やMaaSの提供を行うWHILLのCFOに就任。

向山哲史氏（Luup　CFO）

三菱商事で国内外の不動産／インフラ事業への投資に携わり、ハーバード大学経営大学院でMBAを取得。その後、ユニゾン・キャピタルを経て、2021年、電動キックボード（キックスケーター）のシェアリングサービスを行うLuupにCFOとして参画。

大山拓也氏（リヴァンプ　CFO）

朝日監査法人（現有限責任あずさ監査法人）に入所し、公認会計士として監査業務に従事。ノースウェスタン大学ケロッグ経営大学院MBAを経て、ゴールドマン・サックス証券（投資銀行部門）にて、大型クロスボーダー案件のM&Aアドバイザリー業務、資金調達業務に従事。その後インテグラルでPE投資に従事した後、2020年、経営支援やDX支援、エクイティ投資などを行うリヴァンプに取締役執行役員CFOとして参画。

布野宏明氏（PKSHA Technology　財務IRグループ長）

NTTドコモ、UBS（株式調査部）、丸の内キャピタルを経て、2022年、ディープラーニングによる機能特化型アルゴリズムやソフトウェアを提供するPKSHA Technologyの財務IRグループ長に就任。

井出翔氏（HRBrain　CFO）

みずほフィナンシャルグループで銀行での法人営業、みずほ証券（投資銀行部門）でのM&Aアドバイザリーを経験し、インテグラルでPE投資に従事。2021年、人事分野のSaaSプロダクトを提供するHRBrainに取締役CFOとして参画。

起業

起業の背景には独立や新規ファンドの立ち上げに近いものがありますが、いわゆる事業会社を自分で作った例です。独立心の強い人材の中でも、さらに起業意識の強い人材が投資スキル、エグジットやマネジメントスキルを身につけ、革新的なビジネスモデルによって、ファンドではなく、スタートアップを創業している事例も多くあります。

音成洋介氏（ハウテレビジョン　代表取締役社長）

アドバンテッジパートナーズ出身の音成洋介氏が、プロフェッショナルに向けたグローバルなキャリアプラットフォームとして２０１０年に創業。２０１９年、東証グロース市場に上場。

端羽英子氏（ビザスク〈旧walkntalk〉　代表取締役CEO）

ユニゾン・キャピタル出身の端羽英子氏が、ビジネス領域に特化したナレッジプラットフォームの運営企業として２０１２年に創業。２０２０年、東証マザーズ（現東証グロース）に上場。

南章行氏〈ココナラ〈旧ウェルセルフ〉　取締役会長〉

アドバンテッジパートナーズ出身の南章行氏により、スキルをワンコインで売買できるマーケットプレイスとして2012年に創業。2021年、東証マザーズ（現東証グロース）に上場。

慎泰俊氏（五常・アンド・カンパニー　代表執行役）

ユニゾン・キャピタル出身の慎泰俊氏が民間セクターの世界銀行を目指し、2014年にマイクロファイナンスを提供する五常・アンド・カンパニーを創業。

3

最高峰の仕事として何を成し遂げるか

2000年代前半の日本にPEファンドのビジネスが勃興してきたときには、スキル、経験、収入面を考えてもこのファンドビジネス自体が「行きつく」ビジネスであると考えられていました。なぜなら当時、最高峰と考えられていたプロフェッショナルファームの投資銀行および戦略ファームに在籍していた多くの方々がこぞってこのPE業界を目指していたからです。

しかしその後、PEプロフェッショナルたちが前節で述べたように他のPEファンドへの転職、業態の違うファンドへの転職、新規ファンド設立、事業会社のマネジメントへの転身、スタートアップ設立など、さらに進化したキャリアデザインを生み出しています。

今、この書籍を読んでいただいている方は向上心・野心を持ち、「将来、何者かになろう」と考えているのではないでしょうか。自分を成長させるために、「自分より優秀な人たちと仕事がしたい」「スケールの大きな仕事がしたい」「社会に貢献できる仕事がしたい」「お金を稼ぎたい」など、いろいろな夢と欲求を持っているのではないでしょうか。

ＰＥプロフェッショナルへの道は狭き門ではありません。しかし、このキャリアを得ることによって、事業会社へのさまざまな投資を優秀な仲間と共にリスクテイクしながらも株主として実行することができ、その成果によっては投資先の企業・業界の発展・再編に寄与し、果ては社会の成長に貢献することができ、併せて経済的な見返りも得ることができるのです。

そして、この章で述べているように、ＰＥファンドで経験することによって、リスクテイクというマインドセットおよび投資・マネジメントスキルを身につけることができ、その後のキャリア形成を充実したものにできるのです。

２００２年以降、私たちはこの業界をカバーしてきましたが、当時の日本にＰＥファンドは数社しか存在していませんでした。しかし、この20年で業界は目覚ましい発展を遂げています。ＰＥプロフェッショナルの数も同様です。

人はおよそ20代前半で社会に出て40年から50年程度働く時間があります。このおそらく人生の半分以上を占める時間を、どれだけ自身の成長と社会の貢献に使うことができるかによって、その終わりに近づいたときに「充実した人生だった」と言えるのかもしれません。

社会にはあまたの仕事があり、今回この書籍で示したPEプロフェッショナルはその一つにすぎませんが、本書を読んでいただくことによって、PEファンドという業界に足を踏み入れ、社会の成長に対して貢献される方が一人でも増えれば本望です。

おわりに
自己理解と仕事理解を深めるために

『コンサルが「次に目指す」ＰＥファンドの世界』として、ＰＥファンドの仕事について述べてきました。第１章で述べた通り、ＰＥファンドの仕事とは「投資家から集めたファンド資金を企業に投資して、一時的に対象会社のスポンサーになり、経営改革を推進して企業価値を高め、自走できるようにする。そして、株式公開や保有株式の売却によってリターンを得て、その会社を次のスポンサーにバトンタッチする」というものです。

ＰＥプロフェッショナルの仕事は、企業を再生・再成長させて、ひいては地域の活性化や産業の持続的な発展に貢献するという、非常に社会的意義がある仕事です。経営コンサルタントや投資銀行のバンカーなどのプロフェッショナルが、次のステージとして転職を希望する働きがいある世界です。本書では、ＰＥ業界や仕事の内容、転職するための方法などを述べてきましたが、この仕事への理解は進みましたでしょうか？

ところで、転職を成功させるために必要なことが大きく二つあります。自己理解と仕事理解です。

自己理解とは、自分が何を大切にしていて、何を求めているのか、深く理解することです。これまでのキャリアや保有するスキルなどを把握するだけでなく、自分が生きる上で大切にしている価値観、それを踏まえた仕事における信念、欲求など自分自身の内面も把握することが自己理解には必要です。自己理解ができているからこそ、自分が何をやりたいのか、どんな仕事をしたいのか、はっきりとイメージできるのです。

逆を言えば、自己理解が不十分であるのに、やりたい仕事が何かなどわかりません。もちろん、自分が許容できる働く環境や給与水準はどの程度なのか、といった条件面のニーズもはっきりとしておくことも必要です。

仕事理解とは、世の中にどんな仕事があって、そのうち自分の価値観や信念を実現できそうな仕事はどれで、その仕事はどんな内容で、どのようなスキルや経験が求められるのか、などを把握することです。本書は、ＰＥファンドの仕事理解に役立てていただくことを目的としています。

自己理解と仕事理解、この二つがそろってこそ、納得感あるキャリアが選択できます。自分が大切にしていることがわかっていて、興味ある仕事の内容を理解していれば、その仕事の中に自分が求める要素があるのかどうか、判断できますから。

第4章で記載したように、ＰＥファンドの面接では「なぜ、この仕事を志望しているのか？」と、志望動機を掘り下げて問われる機会が多くあります。この質問に自信を持って答え、面接担当者に納得していただくためには、借り物の回答ではなく、自己理解と仕事理解を踏まえた「本音」の志望理由を述べることが必要です。そして、そのために本書は必ず役立つものと自負しています。

最後に、もう少し詳しくＰＥファンドの仕事を理解するために役立つ参考図書を掲載しておきます。ＰＥファンドへのキャリアに興味をお持ちになった方は、さらなる仕事理解のためにお読みください。

◎PEファンドの仕事を理解するための参考図書一覧

【仕事の概要や業界を理解する】

『バイアウト：産業と金融の複合実務』佐山展生・山本礼二郎（著）／日本経済新聞出版／2009

『プライベート・エクイティ投資の実践』幸田博人（著、編）／中央経済社／2020

『成長と承継のためのPEファンド活用の教科書』波光史成・山田裕亮・松下憲（著）／東洋経済新報社／2018

【具体的な投資事例での取り組みを知る】

『続・事業再生とバイアウト』日本バイアウト研究所（編）／中央経済社／2018

『続・事業承継とバイアウト―製造業編―』日本バイアウト研究所（編）／中央経済社／2016

『続・事業再編とバイアウト』日本バイアウト研究所（編）／中央経済社／2019

『続・事業承継とバイアウト―ロールアップ編―』日本バイアウト研究所（編）／中央経済社／2023

『カーライル流 日本企業の成長戦略』三河主門（著）／日本経済新聞出版／2019

【M&A実務の概要を理解する】

『M&Aのグローバル実務 第2版』渡辺章博（著）／中央経済社／2013

『企業買収の実務プロセス 第3版』木俣貴光（著）／中央経済社／2021

『M&Aファイナンス　第2版』笹山幸嗣・村岡香奈子（著）／金融財政事情研究会／2008
『日本のLBOファイナンス』日本バイアウト研究所（編）／きんざい／2017

【投資後の経営支援を理解する】

『続・プロフェッショナル経営者とバイアウト』日本バイアウト研究所（編）／中央経済社／2020
『企業変革の実務　いつ、何を、どの順番で行えば現場は動くか』小森哲郎（著）／ダイヤモンド社／2018
『ターンアラウンド・マネージャーの実務』フロンティア・マネジメント（編）／商事法務／2015

以上となります。
読者の皆さんがコンサルや投資銀行の次に目指したいキャリアを明確にし、希望する仕事に就いて、働きがいある日々を送ることができることを心から願っています。

装　丁
城 匡史（cmD）

本文デザイン・DTP
荒 好見・内山瑠希乃

編集協力
柴山幸夫（dext inc.）

校　正
文字工房燦光

[著者略歴]
小倉基弘（おぐら・もとひろ）

アンテロープキャリアコンサルティング株式会社 代表取締役。
上智大学法学部卒。日興證券（現SMBC日興証券）を経て1990年、建築関連のビジネスを起業。約7年のベンチャー経営後、プロフェッショナルのキャリアデザインに関連するビジネス創造を目指して、人材エージェントにてコンサルタントを4年間経験。2002年、「野心と向上心を持ったプロフェッショナル」に対してチャレンジングな機会提供を行う目的でアンテロープキャリアコンサルティングを設立。同社は投資銀行、プライベートエクイティ、ベンチャーキャピタル、アセットマネジメント、不動産ファンドおよびコンサルティングファームのフロント人材の長期的なキャリアデザインを支援している。2007年、アンテロープの共同創業者・増井慎二郎氏とオープンワーク株式会社（旧株式会社ヴォーカーズ）設立にも関わる。

山本恵亮（やまもと・けいすけ）

アンテロープキャリアコンサルティング株式会社 取締役。
同志社大学商学部卒。大手人材サービスにて金融とテクノロジー業界を担当後、渡米。在米のコンサルティング会社で、人事採用支援、人事コンサルティング、そして新規事業であるBPO事業の立ち上げを事業開発マネージャーとして推進し、北米での事業拡大に貢献。2004年4月アンテロープ参画。翌年同社取締役。PEファンド、ベンチャーキャピタル、エンゲージメントファンドなどのフロント人材、ファンド投資先企業の経営人材ポジションなどを中心に、コンサルティングファームや投資銀行なども含め、プロフェッショナル人材の転職支援、人材紹介を行っている。組織立ち上げ期におけるコアメンバー採用の支援も強み。1級キャリアコンサルティング技能士。

コンサルが「次《つぎ》に目指《めざ》す」
ＰＥ《ピーイー》ファンドの世界《せかい》

2023年12月21日　初版発行

著　者	小倉基弘／山本恵亮
発行者	小早川幸一郎
発　行	株式会社クロスメディア・パブリッシング 〒151-0051 東京都渋谷区千駄ヶ谷4-20-3 東栄神宮外苑ビル https://www.cm-publishing.co.jp ◎本の内容に関するお問い合わせ先：TEL（03）5413-3140／FAX（03）5413-3141
発　売	株式会社インプレス 〒101-0051 東京都千代田区神田神保町一丁目105番地 ◎乱丁本・落丁本などのお問い合わせ先：FAX（03）6837-5023 service@impress.co.jp ※古書店で購入されたものについてはお取り替えできません
印刷・製本	株式会社シナノ

 ISBN978-4-295-40898-7　C2034